성공하는 사람들의 12가지 강점

Primary Greatness
by Stephen R. Covey

FranklinCovey
THE ULTIMATE COMPETITIVE ADVANTAGE
www.franklincovey.com

성공하는 사람들의 12가지 강점

1판 1쇄 인쇄 2022. 1. 28.
1판 1쇄 발행 2022. 2. 4.

지은이 스티븐 코비
옮긴이 이재용 · 김경섭

발행인 고세규
편집 임여진 디자인 지은혜
발행처 김영사

등록 1979년 5월 17일(제406-2003-036호)
주소 경기도 파주시 문발로 197(문발동) 우편번호 10881
전화 마케팅부 031)955-3100, 편집부 031)955-3200 | 팩스 031)955-3111

값은 뒤표지에 있습니다.
ISBN 978-89-349-4914-5 03320

홈페이지 www.gimmyoung.com   블로그 blog.naver.com/gybook
인스타그램 instagram.com/gimmyoung   이메일 bestbook@gimmyoung.com

좋은 독자가 좋은 책을 만듭니다.
김영사는 독자 여러분의 의견에 항상 귀 기울이고 있습니다.

성공하는 사람들의 12가지 강점

7가지 습관이 방향이라면 12가지 강점은 방법이다

스티븐 코비 | 이재용 · 김경섭 옮김

PRIMARY
GREATNESS

김영사

2 성공을 돕는 12가지 지렛대

고민과 불평 가득한 삶을 사는 사람들에게

젊은 시절 나의 아버지 스티븐 코비에게는 정해진 진로가 있었습니다. 아버지는 장남으로서 할아버지 소유의 잘나가는 호텔 체인을 물려받을 예정이었습니다.

하지만 잠깐 학생들을 가르치면서 교사의 꿈을 품게 됐습니다. 열정과 재능, 양심이 모여 내면의 소리를 내었고, 교사가 되겠다는 결심을 굳혔습니다. 아버지는 학생들의 잠재능력을 발휘시키는 일에 대한 열정으로 불타올랐습니다. 그러나 가업을 물려주고자 하는 할아버지의 마음을 잘 알고 있었기에 섣불리 이야기를 꺼낼 수 없었습니다.

고민 끝에 아버지는 할아버지를 찾아가 교사가 되고 싶다고 고백했습니다. 걱정과 달리 할아버지는 "괜찮다, 아들아. 너는 멋진 선생이 될 거야. 호텔 사업은 솔직히 내게도 재미없는 일이었단다"라고 말씀하셨습니다. 그리하여 아버지는 대학교수이자 작가가 되었고, 리더십과 조직효과성, 가족문제 등의 분야에서 세계를 선도하는 사상가로 각광받았습니다. 아버지가 용감하게 자기 내면의 소리에 귀 기울였기에 가능한 일이었습니다.

아버지는 다른 사람들도 자기 내면의 소리를 찾고 들을 수 있도록 도왔습니다. 한번은 아버지에게 리더십이 무엇인지 물어보았습니다. 아버지는 "리더십이란 사람들이 스스로의 가치와 잠재력을 깨닫고 발휘하도록 격려하고 고무하는 것이란다"라고 답했습니다. 리더십을 그런 식으로 정의하는 사람은 지금껏 본 적이 없습니다. 나는 눈시울이 붉어지는 것을 느꼈습니다. 아버지가 바로 그런 리더십의 전형이었기 때문입니다. 내가 자괴감에 빠져 있을 때조차 아버지는 늘 가치와 잠재력에 대해 말씀해주셨습니다. 그 덕분에 나는 무엇이든 할 수 있다는 자신감을 얻었고 살면서 완수해야 할 중요한 임무를 찾아낼 수 있었습니다. 아버지는 나의 형제들을 비롯하여 주변 모든 이들에게 그와 같은 리더십을 발휘했습니다. 우리에게는 모두 저마다의 목표가 있고, 모든 사람은 다른 누구와도 비교할 수 없는 무한한 가치와 잠재력을 지닌 존재라고 믿었기 때문입니다.

아버지는 말뿐 아니라 행동으로 가르침을 주는 훌륭한 스승이었고, 삶의 본질에 대한 통찰력으로 내게 깊은 영향을 끼쳤습니다. 아버지는 삶을 살아가는 2가지 방법이 있음을 가르쳐주었습니다. 사람들은 1차적 강점primary greatness을 추구하는 삶을 살 수도 있고, 혹은 2차적 강점secondary greatness을 좇는 삶을 살 수도 있습니다. 1차적 강점은 우리의 내적인 진정한 자아, 즉 성품과 성실성 그리고 가장 깊은 내면의 동기와 욕구를 의미합니다. 반면 2차적 강점은 외적인 인기, 직함, 지위, 명성, 부, 명예와 같은 것입니다. 아버지는 내게 2차적 강점은 염두에 두지 말고, 1차적 강점에만 초점을 맞추라고 가르쳤습니다. 1차적 강점을 갖추면 가끔 2차적 강점이 따라오기도 하고, 마음의 평화와 사회적 기여, 풍부하고 보람된 인간관계 등을 달성할 수 있다는 사실도 언급했습니다. 이러한 보상은 2차적 강점에 따르는 보상(돈, 인기 그리고 우리가 보통 '성공'이라고 생각하는 자아도취적이고 쾌락 중심적인 삶)보다 훨씬 더 중요합니다.

이 책에는 한 번도 출간한 적 없는 아버지의 에세이 중에서 가장 훌륭한 것들을 추려서 수록했습니다. 잘 알려져 있지는 않지만 스티븐 코비가 남긴 가장 위대한 저작들이며, 그의 사상 가운데서도 가장 중요한 내용이 포함되었습니다. 나와 동료들이 이 작품을 세상과 공유하기로 결심한 이유도 그 때문입니다. 아버지가 세상을 떠난 지 벌써 3년이 흘렀습니다. 하지만 이 책을 읽으면서 당신은 코비의 통찰력 있고 날카로운 목소리가 폐부를 꿰뚫는 것을 느낄 것입니다. 책에는 아버지가 처음 집필한 내용을 거의 그대로 실었습니다. 우리가 한 일은 개별 에세이들을 1차적 강점을 추구하는 삶에 관한 하나의 이야기로 엮은 것뿐입니다.

이 가운데 몇몇은 아버지가 《성공하는 사람들의 7가지 습관》을 집필할 당시에 쓴 것으로, 수백만 명의 삶과 비즈니스 세계를 뒤바꿔놓은 생각의 시초를 직접 확인할 수 있어 흥미롭습니다. 그렇다고 이 책이 앞선 책의 내용을 그대로 반복하는 것은 아닙니다. 이 책에는 외적인 성공에 경도된 삶에서 깊은 평화와 만족, 지혜의 삶으로 변하는 과정에 관한 새로운 생각이 담겨 있습니다.

여전히 많은 사람이 비참한 삶을 살아갑니다. 그들의 삶은 만성적인 고민과 불평불만으로 가득합니다. 사람들을 낙심케 하는 것은 너무나 많은데, 치료제랍시고 제시되는 것들은 미봉책에 불과합니다. 피상적 대책에 실망하던 당신에게 이 책은 진정한 치유제가 될 것입니다. 나 역시 살면서 고통스러운 시험에 빠진 적이 여러 번 있었습니다. 하지만 나와 가족은 아버지에게 배운 (이 책에도 분명하게 담겨 있는) 원칙들에서 용기와 자신감을 얻은 덕분에 좌절하지 않고 세상에 필요한 사람이 될 수 있었고, 결국 삶의 행복을 찾았습니다. 당신도 할 수 있습니다.

숀 코비

스스로의 행동을 선택하고 변화하라

교류한 지 30년이 넘은 코비 박사와 서로 약속한 것이 있습니다. 하나님 앞에 가는 날까지 천부의 능력을 보유만 하고 발휘하지 못하는 사람, 특히 청소년의 역량 강화를 위해서 강의, 출판, 코칭, 컨설팅에 노력하자는 것이었습니다.

이 책의 한국어 번역도 그 노력의 일환입니다. 목표는 코비 박사가 강조했던 "사람들이 인간의 도리道理, 즉 '핵심적인 강점 특성primary greatness' 역량을 갖추어 자신과 가족, 사회에 꼭 필요한 사람이 되는 것"입니다. 물질적 보상이나 명성에 개의치 않고 조용한 봉사와 공헌으로 자기 마음의 평화와 만족감을 얻고, 희생적인 사랑과 책임감으로 자녀 양육에 헌신하고, 고객에 대한 신의와 호혜적인 상부상조로 성과를 내는 삶입니다.

이 핵심이 되는 특성들을 1차적 강점이라고 하는데, 이런 역량을 갖추지 못한 정치인이나 방송인, 가수, 운동선수, 영화배우, 유명 인사 들이 상당수입니다. 이들은 좋은 평판이나 명성, 인기를 얻으려고 이기적인 과장과 홍보, 지능적 거짓말을 하고 가짜 뉴스를 퍼뜨립니다. 이렇게 얻어진 겉치레를 2차적 강점이라고 합니다.

1차적 강점 없이 2차적 강점을 이룬 사람은 겉으로는 성공한 것처럼 보이지만 그 속은 곧 무너질 사상누각과 같습니다. 쓰러지지 않고 지속적으로 성공할 사람은 변치 않는 원칙, 즉 1차적인 강점을 따르는 삶을 삽니다. 코비 박사와 나눈 대화 중에서 이런 내용이 생각납니다.

미국인과 마찬가지로 한국인 중에서는 2차적 강점의 재능과 역량으로 성공한 사람이 있고, 이들 가운데는 사회적으로 인정받으면서도 1차적 강점은 갖추지 못한 사람도 있습니다. 그런 사람은 얼마 지나지 않아 정체성에 혼란을 겪고, 가정에서는 사춘기 자녀나 배우자와 관계가 심각해지고, 사회에서는 친구와 사업 파트너, 유권자에게 본성이 탄로 나서 삶이 어려워지고 실패의 길로 들어섭니다.

이들은 IMF 외환 위기나 개인적 어려움, 팬데믹, AI 혁명 등으로 일자리가 줄어들거나 경제가 어려워지면 주변 도움을 받지 못해 고통과 실패의 고배를 마시게 됩니다. 이 책은 그런 사람들의 반성을 위한 참고서이자 팬데믹 이후의 성공을 위한 지침서가 될 것입니다.

여기에 등장하는 12가지 행동 지침은 다음과 같습니다.

1. 겉치레보다 자기 내면의 소리에 성실하기
2. 나 혼자 편한 이기적인 삶 대신 만족스러운 삶을 가져다줄 사회공헌 역량 키우기
3. 관계 개선과 건강을 위한 운동 등 소중한 일을 우선하기
4. 조건부가 아닌 이타적인 인간관계를 맺기 위해 헌신하기
5. 혜택과 부담을 나누고 공유하며, 이기심을 버리고 베풂으로 봉사하기
6. 변명과 핑계로 책임을 회피하지 않고 상대를 만족시키는 책임 역량 키우기
7. 상대의 존중과 예의는 그에 대한 신의와 충성에서 나온다. 신의 지키기
8. 승-패적 경쟁 관계보다는 승-승의 상부상조로 함께하는 호혜의 역량 키우기
9. 너도 옳고 나도 옳다는 생각으로 획일성이 아닌 다양성 지향하기
10. 급변하는 세상에서 뒤처지지 않기 위해 꾸준히 학습 역량 키우기
11. 자기 쇠퇴를 막기 위해 톱날을 지속적으로 가는 자기 쇄신 역량 키우기

12. 가르치기를 목표로 배우면 더 집중해서 배운다. 가르치는
    역량 키우기

한국의 차세대 리더는 상당수가 1차적인 내면의 성공보다는 눈앞에 보이는 2차적인 사상누각의 성공을 추구합니다. 청소년들이 2차적 성공을 성공이라고 착각하는 것은 학부모, 교육자, 코치, 컨설턴트 들을 포함한 어른의 책임이 큽니다. 다행히 우리 한민족의 얼(정신)에는 '이기적 경쟁'보다 '홍익적 화합'의 피가 더 많이 흐르고 있습니다. 즉 '물질과 재능의 나눔과 공유'라는 두레정신의 DNA 보유자가 많습니다. 우리는 세계에서 거의 유일하게 성공적인 국채보상운동, 금 모으기 운동, 코로나 방역 등을 수행한 민족입니다. 또한 정의, 인권, 민주화를 중시하며 애국심, 가족애, 도덕성이 강하고 인정이 많은 '내면이 따뜻한' 민족으로 알려져 있습니다.

그동안 미국 미시간주에서의 연구로 코비 박사의 "재능이나 지성, 환경보다 내적 성품이 성공에 훨씬 더 중요한 요인이다"라는 주장이 증명되었습니다. 이 연구를 기반으로 만든 청소년 전인교육 과정 '리더 인 미The Leader in Me'를 서울의 화랑초등학교 학생에게 가르친 성과 또한 대단했습니다. 화랑초등학교 학부모나 교사들의 걱정이었던 "1차적 강점 역량을 가져다주는 성품으로 바꾸는 게 과연 가능할까?"에 대한 답이 "쉽지는 않지만 바꿀 수 있다"로 나온 것입니다.

코비 박사의 가르침대로, 우리는 스스로의 행동을 선택할 힘이 있기 때문에 변화할 수 있습니다. 인간의 성품은 자기 의지로 불변의 원칙, 즉 나침반과 같은 1차적 강점 원칙을 따라 정북향을 향해 가면서 바뀝니다.

이 책의 12가지 강점 원칙은 지렛대와 같은 역량을 갖췄습니다. 책에서 이야기한 대로 혼자서 커다란 바위를 들어 올리는 것은 불가능하지만 지렛대를 쓰면 비교적 쉬워집니다. 지렛대가 길고 튼튼할수록 더 가뿐하게 바위를 들어 올릴 수 있습니다. 성실성, 봉사, 우선순위 같은 지렛대 역량을 오래 강하게 활용하면 차세대 리더의 성공을 가로막는 가장 큰 장해물, 즉 겉치레나 이기심, 책임 회피, 무례함, 자기주장 등의 나쁜 2차적 강점과 관련 있는 성품을 들어내고 치울 수 있습니다.

이 책에서 코비 박사는 2차적 강점에 집착하는 데서 벗어나 1차적 강점에 초점을 맞추는 중요한 변화를 어떻게 이룰 것인지 자세하게 설명합니다. 그런 뒤 성공한 사람들이 지켰던 12가지의 가장 효과적인 강점 원칙을 제시하고 이 원칙적 역량을 내면화하는 방법을 안내합니다.

이 책은 팬데믹 이후 '삶은 개구리 증후군'을 체험하고 있는 사람에게 대변신의 수단이 될 수 있습니다. 개구리를 물이 든 솥에 넣고 천천히 데우면 변화를 미처 감지하지 못한 개구리가 솥 안에 가만히 있다가 결국 죽음에 이른다고 합니다. '지금처럼 가만히 있어도 누군가 잘 해결해주겠지' 하고 기대하다가 파멸을 맞

이하는 개구리가 되지 말고, '자기 자신의 문제점을 파악하고 주
도적으로 즉각 변신하여 뛰쳐나가는' 결정을 할 수 있는 계기가
되기 바랍니다.

김경섭, 이재용

1차적 강점, 성공에 이르는 길

타이태닉호가 처음이자 마지막 항해에 나서던 당시 갑판에는 614개의 접이식 나무 의자가 있었습니다. 매일 아침 선원들이 의자를 보기 좋게 펼쳐놓으면 승객들은 거기에 앉아서 여유로운 시간을 보냈습니다. 승객들은 의자를 원하는 대로 다시 배치할 수도 있었습니다.[1] 물론 저 위대한 타이태닉호가 침몰하던 순간에 의자를 배치하는 데 신경 쓴 사람은 아무도 없었을 것입니다. 하지만 '타이태닉호의 의자 배치 바꾸기'는 오늘날 중요한 일은 제쳐두고 무의미한 일, 사소한 일에 매달리는 행위를 상징하는 대명사가 되었습니다.

　배가 가라앉는데 갑판에 있는 의자의 배치를 바꾸는 것은 그야말로 무의미한 일입니다. 그럼에도 사람들이 그런 일에 매달리는 이유는 무엇일까요?

'갑판 의자 배치 바꾸기'란 실질보다 겉모습을 중시하고, 본질보다 이미지에 신경 쓰며, 우선해서 처리할 일을 뒤로 미루는 행위입니다. 우리가 하찮은 일에 마음을 쏟는 것도 이와 다를 바 없습니다. 그 결과는 어떨까요? 목표 미달, 직장에서의 실패, 가정 파탄, 건강 악화, 사업 부진, 친구와의 불화에 이르기까지 잘못된 선택은 말 그대로 삶을 집어삼킬 수도 있습니다.

1912년 침몰하며 1,517명의 목숨을 앗아간 타이태닉호가 딱 그랬습니다. 가장 중요한 안전은 등한시되었습니다. 배는 위험천만한 빙하지대를 빠른 속력으로 항해했고, 구명정도 부족했습니다. 비상 안전훈련을 받지 않은 승무원들은 재난이 닥치자 어찌할 바를 몰라 우왕좌왕했습니다.[2] 이 이야기에서 우리는 "하찮은 것 때문에 가장 중요한 일을 그르쳐서는 안 된다"라는 요한 볼프강 괴테의 격언을 떠올리게 됩니다.

우리가 하찮은 것에 얼마나 마음을 쏟고 있는지 생각해봅시다.

- 책임을 다하기보다 개인의 이익을 우선시하는가?
- 앞에서는 친절한 척하면서 뒤에서 헐뜯는가?
- 가족(우리에게 가장 중요한 사람)보다 낯선 이에게 더 친절한가?
- 가능하면 적게 베풀되 대가는 많이 얻으려 하는가?
- 장기적인 성공보다 눈앞의 성공을 추구하는가?
- 사회에 진정으로 공헌(배의 침몰 막기)하고 마음의 평화와 만족

감을 얻기보다 외적인 성공(갑판 의자 배치 바꾸기)을 이루고자 하는가?

스티븐 코비 박사에 따르면 1차적 강점이란 세상에 필요한 사람이 되는 것입니다. 반면 외적인 성공, 예컨대 지위나 인기, 평판은 2차적 강점입니다. 말하자면 당신이 유명 인사나 운동선수, 최고경영자, 영화배우 들의 행동을 볼 때는 2차적 강점을 보는 것입니다.

1차적 강점은 인간의 내면, 즉 성품의 문제입니다. 반면 2차적 강점은 겉모습의 문제입니다. 코비 박사는 이렇게 말합니다. "2차적 강점을 달성한 사람, 즉 재능을 사회적으로 인정받은 사람들 가운데는 1차적 강점인 선한 성품을 갖추지 못한 경우가 많다. 그런 경우 얼마 지나지 않아 사업 파트너나 배우자, 친구 혹은 정체성 혼란을 겪는 사춘기 자녀와 인간관계에서 문제를 겪게 된다. 본성은 결국 드러나게 마련이기 때문이다. 랠프 월도 에머슨은 이런 말을 남겼다. '당신의 성품이 아주 큰 소리로 자신을 대변해주고 있기 때문에 당신이 하는 말은 내 귀에 잘 들리지 않는다.'"[3]

성공적인 삶은 1차적 강점을 이룬 삶, 물질적 보상이나 환경에 상관없이 자신의 의무를 다하고 명예와 성실성을 지키며 인내와 헌신, 봉사를 하는 삶입니다. 자연스럽고 보편적이며 깨뜨릴 수 없는 이 삶의 원칙들은 시대에 상관없이 어느 곳에서나, 누구에게나 적용됩니다. 1차적 강점을 이루지 못한 채 2차적 강점을 좇아봤자 소용없습니다. 겉보기에만 부럽거나 일시적으로만 인기 있는 불안정한 모래밭 위에 쌓아올린 삶이 성공적일 수는 없습니다. 성공한 사람은 변치 않는 원칙을 토대로 삶을 일구어나갑니다.

아이러니하게도, 항상 그런 것은 아니지만 1차적 강점을 이루면 종종 2차적 강점이 따라옵니다. 선한 성품의 소유자가 대체로 성공적인 삶을 사는 것은 사람들의 신뢰를 받기 때문입니다. 이들은 성실하게 노력해 대개 일정 수준의 안정을 얻고 때로는 아주 큰 성공을 누립니다. 또한 봉사하려는 마음가짐은 다른 사람들의 사랑과 신의를 불러옵니다. 이는 1차적 강점을 실현하면 자연스럽게 나타나는 결과입니다.

물론 100퍼센트 그렇다고 장담할 수는 없습니다. 선한 성품의 소유자도 여느 사람들처럼 병에 걸리거나 불운을 겪을 수 있습니다. 괜찮은 사람들이 평생 열심히 일하고도 넉넉한 생활을 하지 못하는 경우도 많습니다. 그러나 1차적 강점을 추구하는 사람은 평화와 만족감을 누립니다. 이는 2차적 강점을 갈망하지만 그곳에는 진정으로 중요한 무언가가 없다는 걸 알고 있는 사람들이 절대 얻지 못하는 것입니다.

많은 사람은 2차적 강점이 성공이라고 착각합니다. 이런 사람들은 겉으로 성공했다고 보이기 위해 할 수 있는 일은 다 하지만 실제로 자신의 내면이 어떤지는 외면합니다. 진정한 성공을 얻는

데 필요한 대가를 치르지 않고 노력 없이 성공하는 방법을 찾습니다. 가짜 이미지를 심어주려 하고 친구인 척합니다. 우리 대부분이 한 번쯤 이런 궁리를 하며 마음의 가책을 느껴본 적이 있을 것입니다.

긍정적인 가치가 긍정적인 결과를 불러오는 것처럼 이기주의, 게으름, 꾸물거리는 버릇, 거짓 같은 부정적인 특성은 당연히 부정적인 결과를 불러온다고 생각해야 합니다. 하지만 2차적 강점이 득세하는 시대에는 도덕적 신념보다 여론을 더 신경 쓰고 내면보다 외면을 더 중요시하게 됩니다.

그렇지만 우리 자아의 가장 깊은 곳에서는 원칙을 지키지 않으면 성공적인 삶을 살 수 없다는 것을 알고 있습니다. 갤럽 조사에 따르면 미국 성인의 90퍼센트 이상이 "정직, 민주주의, 다른 인종과 민족 출신의 사람 수용하기, 애국심, 친구와 가족 돌보기, 도덕적 용기, 황금률*"을 지지하는 것으로 나타났습니다.[4] 우리는 마음속 깊은 곳에서는 내면의 성공에 뿌리를 내리지 않은 외면적 성공은 실패임을 알고 있고, 우리 아이들이 내면의 성공을 얻길 바랍니다. 우리 자신도 이를 추구해야 합니다.

이렇게 우리가 직관적으로 알고 있는 진실은 학문적 데이터로도 뒷받침됩니다. 학자들은 더는 지능이나 재능에 크게 초점을

• 무엇이든지 남에게 대접을 받고자 하는 대로 너희도 남을 대접하라는 예수의 가르침.

맞추지 않습니다. 이제 많은 학자는 성공을 결정짓는 중요한 인자가 성품이라고 생각합니다. 예를 들어 페리 프리스쿨 프로젝트 Perry Preschool Project는 만족스러운 삶과 진정한 성취를 불러오는 요인이 무엇인지 찾기 위해 수십 년에 걸쳐 추적조사를 실시했습니다. 1965년에 미시간주에서 시작된 이 프로젝트는 취학 전 아동 123명의 삶을 정기적으로 추적하여 연구했는데, 도심지 빈민가에 거주하는 아이들을 실험군으로 설정해 "지루하고 종종 보상이 없는 일들을 꾸준히 수행하고 (⋯) 더 큰 만족을 위해 일시적인 충동을 참고 (⋯) 계획에 따라 일을 완수하라고" 가르쳤습니다. 기본적인 성품을 강화하는 교육을 실시한 것입니다. 이러한 교육은 50년이 흐른 뒤까지도 이들의 삶에 도움을 주고 있습니다. 동년배와 비교하면 이들은 학업을 마칠 가능성이 훨씬 더 컸고, 취업하고 괜찮은 임금을 받을 가능성도 두 배였습니다. 반면 체포되거나 복지보조비를 받을 가능성은 50퍼센트 더 작았습니다.[5]

역설적이게도, 페리 프로젝트는 학생들의 지능지수IQ를 높이려는 의도로 시작되었습니다. 그러나 이 프로젝트로 아이들의 지능지수가 높아지지는 않았습니다. 그 대신 좋은 성품의 원칙을 길러줌으로써 '성공지수SQ'가 놀라울 정도로 높아졌다는 사실을 쉽게 알 수 있었습니다.

코비 박사는 재능이나 지성, 환경보다 내적 성품이 성공에 훨씬 더 중요한 요인이라는 것을 절실하게 느꼈습니다. 그리고 사람들이 이 기본적인 진실을 깨닫고 자신의 삶을 변화시키도록 돕는 데 일생을 보냈습니다. 수천만 명의 사람이 기업과 정부의 교육 프로그램으로 혹은 코비 박사의 베스트셀러를 읽고 그러한 변화를 이루었습니다. 오늘날 모든 대륙의 학교와 대학에서 프랭클린코비FranklinCovey사가 제시하는 전인교육 프로세스 및 시스템인 '리더 인 미'를 통해 젊은이에게 이 원칙들을 가르칩니다. 학생들이 1차적 강점과 2차적 강점의 차이, 그리고 1차적 강점을 추구하는 삶을 사는 법을 배우면 그야말로 놀라운 결과가 나타납니다.

그렇다면 1차적 강점의 원칙들을 어떻게 내면화할까요? 성품은 태어날 때부터 정해져 있지 않을까요? 성품을 바꾼다는 게 과연 가능할까요?

쉽지는 않지만 성품은 바꿀 수 있습니다. 코비 박사의 가르침대로, 우리는 스스로의 행동을 선택할 힘이 있기 때문에 변화할 수 있습니다. 인간의 성품은 레시피와 비슷하지만(유전자 1컵, 환경 1큰술, 운 몇 온스), 이 모든 재료를 이용해 무엇을 만들지는 우리가 결정합니다.

성공의 열쇠는 불변의 원칙들을 지키는 삶을 살고 다른 길로 둘러 가지 않는 것입니다. 북쪽으로 직진하고 싶으면 나침반의 바늘을 똑바로 따라가야 합니다. 조금이라도 옆으로 벗어나면 더는 정북향으로 가지 못합니다. 이것이 현실입니다. 현실을 지배하는 원칙이 바로 성공을 지배하는 원칙이며, 그것을 어기면 어려움을 겪을 것입니다.

원칙 하나를 어겼다고 당장 죄책감에 시달리거나 마음이 불편해지는 건 아닙니다. 오히려 학자들이 '치터스 하이cheater's high'라고 부르는 감정, 즉 잘못을 저지르고 교묘히 빠져나갔을 때의 만족감을 느끼기도 합니다. 많은 사람이 세금을 속이거나 경비를 부풀려 신고하거나 타인을 헐뜯으면서 짜릿함을 느낍니다. 스스로를 자랑스러워할 수도 있고 속임수를 쓰지 않는 불쌍한 얼간이들보다 자신이 한 수 위라는 우월감을 느낄 수도 있습니다.[6]

그러나 우리 대부분은 마음속으로는 자신이 다른 사람들 혹은 스스로에게 피해를 주고 있다는 것을 알고 있습니다. 이런 상황은 우리 성품에 영향을 미칠 수밖에 없습니다.

돈을 물 쓰듯 써서 저축이라는 원칙을 어기면 대개 가난해지기 마련입니다. 운동이나 적절한 영양 섭취 등 신체와 관련된 원칙을 습관적으로 어기면 몸이 쇠약해지고 병에 걸릴 것입니다. 친절과 존경이라는 원칙을 어기면 결국에는 틀림없이 친구보다 적이 많아질 것입니다.

물론 나쁜 행동을 한다고 꼭 이러한 결과가 오는 건 아닙니다. 그러나 냉정하고 현실적인 눈으로 삶을 바라보면 이런 결과가 일어날 가능성이 큽니다.

현실을 지배하는 원칙들은 논쟁의 여지 없이 명백합니다. 이런 원칙은 통제할 수 없으며 우리가 믿든, 안 믿든 엄연히 존재합니다. 따라서 우리가 그 원칙들을 무시하지 않고 지킨다면 삶에서 성공할 가능성이 더 커집니다.

이 원칙들을 지키려면 우리의 성품과 내적 동기를 살펴봐야 합니다. 성공적인 삶을 살고 싶으면 우리의 성품과 동기를 여러 다른 원칙에 맞춰 조정해야 할 수도 있고, 꾸물거리는 버릇이나 질투, 이기심 같은 성격적 결함을 고쳐야 할 수도 있습니다. 무엇이 되었든 자신이 내면적으로 진짜 어떤 사람인지 정면으로 바라보고 성공을 지배하는 원칙들에 삶을 맞추려는 노력이 필요합니다.

우리 삶의 '비밀의 화원'에 들어가 무엇이 자라고 있는지 보는 게 쉬운 일은 아닙니다. 진정한 원칙들에 맞춰 우리를 변화시키기는 어렵지만, 이것은 진짜 성공을 거둘 수 있는 유일한 방법입니다.

원칙들은 지렛대와 같습니다. 혼자서 커다란 바위를 들어 올리는 건 불가능하지만 지렛대를 쓰면 비교적 쉬워집니다. 지렛대가 길고 튼튼할수록 더 가뿐하게 바위를 들어 올릴 수 있습니다. "내게 충분히 긴 지렛대만 주면 지구도 들어 올릴 수 있다!"라는 아르키메데스의 말처럼 성실성, 봉사, 우선순위 같은 원칙은 위대한 지렛대입니다. 이 지렛대를 착실하게 사용해야 당신의 성공을 가로막는 가장 큰 장해물(이기심, 피해의식, 주의가 딴 데 팔려 진짜 중요한 일에서 치명적인 결과를 맞는 성향 등의 나쁜 성품)을 치울 수 있습니다. 당신이 성실한 성품이라면 사람들이 쉽게 신뢰할 것입니다. 사람들에게 무관심하게 대하는 대신 마음을 쓰고 도와주면 대부분의 사람과 훨씬 더 잘 지낼 수 있습니다. 또한 진짜 중요한 일을 1순위에 두면 시간과 인생을 낭비하는 값비싼 대가를 치르지 않아도 될 것입니다.

이 책에서 코비 박사는 2차적 강점에 집착하는 데서 벗어나 1차적 강점에 초점을 맞추는 중요한 변화를 어떻게 이룰 것인지 설명합니다. 그런 뒤 성공한 사람들이 지켰던 12가지의 가장 효과적인 원칙을 설명하고 이것을 내면화하는 방법을 안내합니다.

- 성실성
- 세상에 대한 기여
- 우선순위
- 개인적 헌신
- 봉사
- 책임감
- 신의
- 호혜
- 다양성
- 지속적 학습
- 쇄신
- 가르치면서 배우기

첫 번째 지렛대는 나뉘지 않은 온전한 상태를 가리키는 성실성입니다. 진실한 사람들은 안과 겉이 똑같으며 숨은 의도나 감추고 있는 꿍꿍이가 없습니다. 코비 박사의 말에 따르면 이들은 "일련의 올바른 원칙과 완전히 융화"되어 있습니다.

우리가 세운 목표와 마음속 가장 깊은 곳의 생각이 같을 때만 진정한 성공을 거둘 것입니다. 그러한 목표를 스스로 설정하면 1차적 강점을 손에 쥘 수 있습니다. 이 12가지 지렛대는 우리를 외견상의 성공에서 진짜 성공으로 이끌어줍니다. 자연스러운 원칙들에 단단히 기반을 둔 삶을 살면 마음속 깊은 곳의 불안이 내면의 자신감으로 바뀝니다.

그렇다면 왜 이 12가지 지렛대일까요?

먼 옛날로 거슬러 올라가 보면, 사려 깊은 사람들이 이런 유용한 원칙 목록을 여럿 만들었습니다. 예를 들자면 아리스토텔레스의 덕 목록과 벤저민 프랭클린Benjamin Franklin이 말한 13가지 덕목이 떠오릅니다. 우리 시대에는 저명한 심리학자 마틴 셀리그먼Martin Seligman 박사가 좋은 삶을 가능하게 하는 요소에 대한 연구 결과를 바탕으로 24가지의 성품 강점을 제시한 바 있습니다.[7]

코비 박사가 제시한 이 12가지 지렛대는 그의 깊이 있는 연구, 그리고 전 세계 수천 명의 사람과 오랫동안 일한 경험이 바탕이 되었습니다. 코비 박사에게 이 지렛대들은 근본적이고 필연적인 원칙이며 서로 간에 일종의 계층이 존재합니다. 앞에서 말한 것처럼, **성실성**은 **세상에 대한 기여**(의미 있는 유산을 남기고 긍정적인 차이를 불러오는 원칙)와 함께 진정한 성공의 **토대**를 이룹니다. 또한 **우선순위**의 원칙에 따라 살면 수많은 사소한 일 사이에서 길을 잃지 않은 채 그러한 기여를 할 수 있습니다.

개인적 헌신 없이 영구적인 유산을 남기기란 불가능한 일입니다. 다른 사람에게 **봉사**하기 위해 내가 할 수 있는 일이 무엇일지 자문하기 시작하면 우리는 자아를 뛰어넘는다는 것이 어떤 의미인지 이해하기 시작하고 진정한 성공을 맛보게 됩니다.

지금 우리가 살고 있는 세상에선 **책임감**이라는 원칙이 점점 더 도외시되고 있습니다. 성공한 일에 대해서는 누구나 선뜻 자신이 책임자라고 나섭니다. 하지만 일이 잘 풀리지 않아 누군가가 책임을 져야 하는 상황이 오면 1차적 강점을 지닌 사람과 2차적 강점을 지닌 사람의 차이가 확연하게 드러납니다. 이런 경우 1차적 강점의 소유자는 다른 사람을 탓하지 않고 앞으로 나서 솔직하게 자신의 책임이라고 받아들입니다.

신의는 다른 사람들을 도우면 자연스럽게 나타나는 결과입니다. 다른 사람들을 꾸준히 헌신적으로 도우면 인간관계에 엄청난 자산이 쌓입니다. 당신은 다른 사람들에 대해, 다른 사람들은 당신에 대해 신의가 높아집니다. 신의와 밀접한 관계가 있는 원칙이 **호혜**의 법칙입니다. 호혜의 법칙은 중력만큼 불변의 법칙입니다. 우리는 모두 자신이 평소에 하는 행동의 결과를 삶의 매 순간 겪는데, 이익을 볼 때도 있고 손해를 볼 때도 있습니다. 남들을 어떻게 대하는지에 따라 자신도 남들에게서 같은 대접을 받을 것입니다. 신뢰를 깨뜨리면 상호호혜가 깨집니다. 당장은 눈에 보이지 않을 수 있지만 언젠가는 그 대가를 치르기 마련입니다.

또한 삶에서 최대의 성공을 얻고 싶다면 **다양성**을 중시해야 합니다. 생물학, 사업, 정치, 제품 개발 등 무엇에 관해 이야기하건 일률적인 생각은 배격하고 차이를 인정하는 것이 자연스럽습니다. 코비 박사는 "두 사람의 의견이 같다면 그중 한 명은 필요 없는 사람이다"라고 말하기도 했습니다. 서로 다른 사람들이 가진 다양한 강점을 존중하고 활용하는 법을 배우면 성공 가능성이 훨씬 커집니다.

마지막으로, **지속적 학습**과 **자기 쇄신**이 없다면 자연히 정체되고 부적절한 사람이 됩니다. 우리는 운동과 독서를 하고, 사랑하는 사람을 위해 시간을 내고, 명상처럼 활기를 되찾는 활동을 하면서 자신을 쇄신합니다. 또한 단순히 1차적 강점의 모범적 실천자가 아니라 이를 **다른 사람에게 가르침**으로써 그 원칙들을 배우고 내면화합니다.

요약하자면, 이 12개의 지렛대는 더 편하고 보람 있는 삶을 만들어줍니다. 이 지렛대를 이용하면 성품이 좋아지고 다른 사람에 대한 영향력이 커집니다. 삶이라는 바위를 움직이려면 여전히 열심히 노력해야겠지만 더는 헛된 노력에 그치지 않을 것입니다.

이 12개의 지렛대가 성공 원칙의 전부는 아니지만(그 외에도 많은 원칙이 있습니다) 꼭 필요한 원칙들입니다. 이를 지키지 않으면 그 누구도 진정한 성공을 거둘 수 없습니다. 이 책은 이 원칙들을 깊이 있게 살펴보고 우리 내면에 자리 잡게 하는 방법을 이해하도록 도울 것입니다.

1차적 강점은 이 지렛대들을 누르면 자연적으로 나타나는 결과입니다.

친절한 행동은 커다란 힘을 발휘합니다.

친구를 진정으로 이해하면 엄청난 영향을 끼칩니다.

책임감 있게 일하면 점점 더 많은 책무를 맡게 됩니다.

성실한 사람은 도덕적 근육이 강화되어 있습니다.

코비 박사의 가르침을 기억하십시오. "행복한 결혼생활을 하고 싶으면 긍정적 에너지를 만들어내라. 부정적 에너지는 강화하지 말고 피하라. 10대 자녀가 더 유쾌하고 협력적이길 바란다면 아이를 더 많이 이해하고 공감하며 일관성 있고 애정 어린 부모가 되어라. 직장에서 자기 재량에 따라 일하고 싶다면 더 책임감 있고 쓸모 있으며 도움이 되는 직원이 되어라. 신뢰받고 싶으면 신뢰할 만한 사람이 되어라. 재능을 인정받아 2차적 강점을 얻고 싶다면 먼저 성품이라는 1차적 강점에 초점을 맞추어라."[8]

스티븐 코비 박사는 실로 전 세계적인 현상이라 할 만한 영향력을 미쳤습니다. 1989년에 《성공하는 사람들의 7가지 습관》이 출간된 이후 전 세계 수백만 명의 리더, 교육자, 가족 들이 박사의 확고하고 힘을 주는 말에 영감과 위안을 얻었습니다. 당신에게 그 말들이 익숙하게 와닿는다면 박사의 언어가 우리 시대의 언어가 되었기 때문일 것입니다. "주도적으로 행동하라", "승-승적으로 사고하라", "먼저 이해하려고 하라" 같은 확고한 문구들은 우리가 사는 문화를 새로이 바꾸어놓았습니다.

하지만 코비 박사가 세상에 기여한 바는 《성공하는 사람들의

7가지 습관》뿐만이 아닙니다. 《성공하는 사람들의 12가지 강점》의 편집자들은 성공적인 삶의 원칙에 대한 코비 박사의 통찰력을 더 많이 다루기 위해 그가 발표했던 수십 편의 글을 살펴보았습니다. 이 책에 담긴 주옥같은 글들은 지금까지 독자들이 접하지 못했던 것입니다. 1차적 강점의 지렛대에 대한 코비 박사의 깊은 사색을 읽고 실천한다면 당신은 괜찮은 삶에서 한 발 더 나아가 훌륭한 삶을 살아갈 수 있습니다.

스티븐 코비의 동료들

PRIMARY GREATNESS

INTEGRITY

CONTRIBUTION

PRIORITY

SACRIFICE

SERVICE

RESPONSIBILITY

LOYALTY

RECIPROCITY

DIVERSITY

LEARNING

RENEWAL

TEACHING

1

1차적 강점을
얻는 방법

올바른 시선으로 바라보면
온 세상이 다 화원일 것이다.
– 프랜시스 호지슨 버넷

1 '비밀의 삶'을 탐구하라

우리는 모두 3가지 삶을 살아간다. 공적인 삶, 사적인 삶 그리고 비밀의 삶이 그것이다. 비밀의 삶은 당신의 진심, 진짜 동기, 삶의 궁극적인 소망이 존재하는 곳이다. 또한 1차적 강점이 형성되는 근원이기도 하다. 자신의 비밀의 삶을 탐험해볼 만큼 용기 있는 사람은 자기 마음속 가장 깊은 곳의 동기가 무엇인지 솔직하게 자문할 수 있다. 당신은 이 진짜 동기들을 고쳐 쓸 준비가 되었는가? 자신의 삶을 진정한 성공의 핵심 원칙들에 맞춰 재정비할 준비가 되었는가?

이 비밀의 삶이 바로 1차적 강점을 얻을 열쇠다.

나는 뉴욕 브로드웨이에서 〈비밀의 화원The Secret Garden〉이라는 연극을 본 적이 있다. 당시 어머니가 돌아가신 직후였기 때문

> 비밀의 삶은 당신의 진심, 진짜 동기, 삶의 궁극적인 소망이 존재하는 곳이다.

에 연극의 내용이 특히 더 절절하게 와닿았다.

토니상을 받은 이 뮤지컬의 주인공은 인도에 살던 한 소녀다. 연극은 소녀의 아버지와 어머니가 콜레라로 세상을 떠나면서 시작된다. 부모를 잃은 소녀는 영국의 대저택에 사는 삼촌 집으로 보내지는데, 이 고택은 낭만적 기운으로 가득 차 있다. 잠시도 가만히 있지 못하는 소녀는 저택 여기저기를 탐험하다가 신비한 비밀 화원의 입구를 발견한다. 이 화원은 무엇이든 가능한 곳이다.

소녀가 처음 들어섰을 때 화원은 황량하고 메마른 곳이었다. 그곳은 침대에서만 지내는 병약한 사촌처럼, 그리고 아이를 낳다가 세상을 떠난 사랑하는 아내와의 추억에 아직도 사로잡혀 있는 삼촌처럼 황량했다. 소녀는 자연의 법칙과 원칙에 따라 정성스럽게 씨를 뿌리고 화원에 새로운 생명을 불어넣었다. 소녀가 심은 구근에 따사로운 햇볕이 들고 화원이 아름답게 가꾸어지면서 소녀는 한 계절이 지나기도 전에 가족 전체에 엄청난 변화를 불러일으켰다.

나는 수년간 사람들을 가르치고 훈련하면서 비밀의 삶, 사적인 삶, 공적인 삶에서 가치 있는 원칙에 따라 살아가는 주도적인 사람이 일으키는 이런 변화를 여러 차례 목격했다.

나는 다음 날 고향으로 돌아가 어머니의 장례식에서 추도사를 하면서 〈비밀의 화원〉을 언급했다. 나를 비롯해 많은 사람에게 어머니의 집은 힘들 때 숨어들 수 있고 긍정적인 확신의 말을 자양분 삼아 성장할 수 있는 곳이었기 때문이다. 어머니는 우리의 모든 것을 긍정적으로 생각하셨고 모든 좋은 일이 가능하다고 믿으셨다.

우리의 3가지 삶

공적인 삶에서는 동료, 지인, 그 외에 우리가 속한 집단의 사람들이 우리를 보고 우리의 말을 듣는다. 사적인 삶에서는 배우자나 가족, 친한 친구들과 좀 더 친밀하게 상호작용 한다. 비밀의 삶은 이 두 삶 모두에 존재한다.

비밀의 삶은 공적인 삶과 사적인 삶에 동기를 부여하는 주된 원천이다. 그러나 많은 사람이 자신의 비밀의 삶의 문을 열어보지 않는다. 이들의 공적인 삶과 사적인 삶의 각본은 본질적으로 앞선 세대나 주변 사람들 혹은 환경의 압력에 따라 작성되기 때문이다. 그래서 이들은 자기 자신에게서 몇 발짝 떨어져 스스로를 관찰하는 자기 인식 능력(비밀의 삶으로 들어가는 열쇠)을 행사하지 않는다.

자신의 비밀의 삶을 탐구하려면 용기가 필요하다. 사회가 바라보는 자신의 모습, 하지만 내면의 진짜 자아와는 동떨어진 모습을 비추는 사회적 거울에서 시선을 돌려야 하기 때문이다. 우리는 사회적 거울에 투영된 자신의 모습에 익숙해져 있다. 또는 자기 성찰을 피하고 망상과 합리화에 갇혀 허송세월을 보내겠다고 선택할 수도 있다. 이런 마음가짐을 가진 사람은 자신의 정체성을 모르고 안전감도 느끼지 못한다.

내면의 동기를 살펴보라

나는 인생에서 매우 중요한 시점이 닥치면 내 비밀의 삶을 찾아가 이렇게 물어보았다.

"내가 무슨 생각을 하고 있지? 내가 옳다고 믿는 것이 무엇일까? 무엇이 내 동기가 되어야 할까?"

이럴 때면 나는 비밀의 삶 속으로 깊이 들어가 내 동기를 선택했다.

"잠깐만, 이건 내 인생이야. 내 시간과 에너지를 어떻게 쓸지 내가 선택할 수 있어. 아침에 일어나서 운동을 할지 말지, 화를 낼지 말지 선택할 수 있잖아. 누군가와 화해를 할지 말지도 선택할 수 있고. 그러니 내 동기도 내가 선택할 수 있어."

비밀의 삶에 들어갔을 때 얻게 되는 가장 흥미로운 성과 중 하나는 자신의 동기를 의식적으로 선택할 수 있다는 것이다. 동기를 스스로 선택하기 전까지는 진정한 자신의 삶을 살 수 없다. 모든 것은 동기와 동기부여에서 나온다. 동기는 우리 마음 가장 깊은 곳에 자리 잡은 소망의 근원이다.

문제는 우리가 삶에서 어떤 동기를 가장 중요하게 여길 것인가 하는 것이다.

나는 좌절감을 느끼거나 난처한 상황에 직면하면 내 비밀의 삶으로 들어간다. 그리고 그곳에서 나 자신과 마주하고 물어본다.

"옳은 원칙에 따라 살 것인가? 아니면 2차적 강점의 요구에 굴복할 것인가?"

비밀의 삶을 주도적으로 탐험하는 법을 배우면서 나는 자아의식, 상상력, 자유의지를 발휘하고 양심에 비추어 내 동기를 스스로 선택한다.

예를 들어 자신의 경력에 대해 생각할 때 "자, 내 진짜 동기가 뭘까?"라는 질문을 던져볼 수 있다. 캐나다 앨버타주 의회의 전 대변인이자 국무위원이었던 N. 엘든 태너N. Eldon Tanner가 이런 말을 한 적이 있다.

"나는 경력에서 중요한 결정을 내려야 할 때마다 내 마음을 들여다보며 묻는다. '가장 중요한 일을 먼저 할 준비가 완전히 되었는가? 지금 상황에서 가장 중요하다고 생각하는 일을 계속해나갈 것인가?' 나는 결정을 내릴 때까지 이 문제와 씨름한다. 그리고 일단 결정이 내려지면 과제를 검토하면서 나 자신에게 물어본다. '내가 가장 소중하게 생각하는 대의에 도움이 되는 일인가? 그렇다면 이 일을 하겠다.'"

태너는 자신의 지역에서 매우 존경받는 정치인이 되었다.

나는 신임 대학 총장 선출 위원회에서 일할 때 이 훌륭한 인물

> 동기를 스스로 선택하기 전까지는 진정한 자신의 삶을 살 수 없다. 모든 것은 동기와 동기부여에서 나온다. 동기는 우리 마음 가장 깊은 곳에 자리 잡은 소망의 근원이다.

을 만난 적이 있다. 그의 사무실에 들어서자 태너는 책상에서 일어나 내 옆으로 와서 앉더니 "제가 이해해야 할 것이 무엇입니까?"라고 물었다. 그리고 아주 진지한 태도로 집중해서 내 말을 듣고 나서 말했다.

"제가 선생님을 얼마나 존경하는지 아시면 좋겠습니다."

나는 그 말에 몹시 감명받았다.

자신의 비밀의 삶을 자주 탐험하고 내면의 동기를 살펴보는 사람은 타인의 마음을 들여다보고 공감하며 힘을 실어주고 상대의 가치와 정체성을 알아보는 능력이 뛰어나다.

비밀의 삶이 건강하면 개인적 삶과 공적인 삶에 많은 면에서 도움이 된다. 예를 들어 나는 연설을 준비할 때 영감을 주는 강연 내용을 큰 소리로 읽는다. 그러면 내가 연설을 하는 동기를 명확하게 파악하는 데 도움이 되기 때문이다. 나는 사람들에게 강한 인상을 주고 싶다는 마음은 없다. 내 유일한 소망은 사람들에게 도움이 되는 것이다. 이런 동기를 품고 사람들 앞에 서면 자신감과 내면의 평화가 넘친다. 사람들에게 더 커다란 애정을 느끼고 나 자신에게 훨씬 더 진실해진다.

내가 컨설팅을 했던 경영자들은 "제 내면을 깊이 분석해본 건 몇 년 만에 처음입니다. 마치 저 자신을 처음 보는 것처럼 들여다

봤어요. 앞으로 제가 진심으로 믿는 것에 충실하려고 노력할 겁니다"라고 털어놓았다. 또한 수년간 많은 사람이 "선생님이 말씀하신 원칙이 변화를 불러왔습니다. 예전에는 생각하지도 못했던 원칙도 있지만 그럼에도 그것들은 제 마음에 크게 와닿았어요" 하고 편지를 보냈다. 이렇게 사람들에게 많은 반향을 불러일으킬 수 있었던 이유는 이 원칙들이 그들의 비밀의 삶에 존재하기 때문이다.

사람들은 대부분 이런저런 일을 하느라 바빠서 이러한 비밀의 삶, 걸작을 창조하고 위대한 진실을 발견하며 공적인 삶과 사적인 삶의 모든 측면을 개선해줄 비밀의 화원으로 들어갈 시간을 내지 않는다.

하지만 건강한 비밀의 삶을 사는 것이 1차적 강점을 얻을 수 있는 열쇠다.

자기 다짐

건강한 비밀의 삶을 사는 열쇠는 자기 다짐이다. 우리가 사람들과 소통할 때 가장 중요한 요소 중 하나가 자신(과 타인)에게 주는 긍정의 메시지다.

훌륭한 자기 다짐은 5가지 특징이 있다.

• 개인적이다. 즉, 1인칭이다.

- 부정적이기보다는 긍정적이다. 즉, 선하고 옳은 것을 지지한다.
- 현재형이다. 즉, 당신은 지금 그 일을 하고 있거나 앞으로 할 잠재력이 있다.
- 시각적이다. 즉, 마음의 눈으로 분명하게 볼 수 있다.
- 정서적이다. 즉, 당신은 거기에 강렬한 애착을 느낀다.

다음의 두 예를 살펴보면 이 5가지 원칙을 이해하는 데 도움이 될 것이다.

과잉 반응

우유를 쏟은 아이에게 지나치게 화내는 부모가 있다고 하자. 그는 자신이 아이에게 이렇게 길길이 화를 내는 것보다 더 나은 반응을 보일 수 있는 사람이라고 생각했다. 그래서 스트레스를 받는 상황에서 지혜와 애정, 단호함, 공정함, 인내심, 자제력을 발휘하여 반응하겠다고 결심했다. 그리고 이 결심을 자기 다짐의 말로 적어보았다.

"피곤하거나, 스트레스나 압박을 받거나, 낙담한 상황에서(시각적 상태) 자제력, 지혜, 단호함, 인내심, 애정을 발휘해(긍정적) 반응하면(현재형) 내가(개인적) 얼마나 만족스럽겠는가."

꾸물대는 버릇

자꾸만 일을 뒤로 미루는 버릇을 고치고 싶은 사람이 있다고 하자. 습관적으로 일을 미루다가 위기가 닥쳐서야 가까스로 처리하곤 하던 그녀는 항상 상황을 완전히 파악하고 현재에 충실하며 가치 중심적으로 행동한다는 목표를 정했다. 그녀가 쓴 다짐의 말은 이랬다.

"시간을 들여 계획을 세워 이를 실천하고 다른 사람들에게 맡길 만한 일은 위임함으로써 나 자신을 책임지고 내 운명을 스스로 이끈다면 얼마나 만족스럽고 신나겠는가?"

자기 다짐의 힘

《웃음의 치유력Anatomy of an Illness》과 《인간의 선택권Human Options》을 쓴 노먼 커즌스Norman Cousins는 긍정의 힘을 활용하면 흔히 미개척 상태로 남아 있는 우리 내면의 감정적 힘이 발휘될 수 있음을 보여주는 산증인이다.

해외여행에서 돌아온 지 일주일도 되지 않은 어느 날, 커즌스는 목부터 팔, 손, 손가락, 다리까지 꼼짝도 할 수 없는 상태가 되었다. 곧 병원으로 옮겨진 커즌스는 결합조직에 심각한 질환이 생겼다는 진단을 받았다. 의사는 "완전히 회복되는 사람은 500명 중 1명 정도입니다"라고 말했다.

처음에 커즌스는 의사와 병원에서 하라는 대로 따랐다. 약물을

(종종 과하게) 투여받았고, 툭하면 불필요한 검사들을 받았다. 그러나 의사의 비우호적인 진단과 이 모든 치료 과정을 경험하면서 커즌스는 많은 생각을 하게 되었다. 나중에 그는 "내가 그 500명 중 1명이 되려면 수동적인 관찰자에 그쳐서는 안 된다는 것이 분명해 보였다"라고 썼다.

부정적인 감정이 인체의 화학작용에 부정적인 영향을 미친다는 연구 결과를 알고 있던 커즌스는 이런 의문이 들었다.

"그렇다면 긍정적인 감정은 긍정적인 영향을 미치지 않을까? 사랑, 희망, 믿음, 웃음, 자신감, 살겠다는 의지가 치료 효과가 있지 않을까?"

부정적인 영향이 사실이라면 긍정적인 영향도 사실이어야 한다고 생각한 커즌스는 곧 긍정적 감정을 추구하는 계획을 세웠다. 의학 자료, 힘이 되어주는 전문가, 웃음, 가족의 사랑에 의지하겠다는 것이 그의 계획이었다.

커즌스는 병원을 나와 호텔에서 방을 얻고 전담 간호사를 고용했다. 그리고 코미디언 막스 형제의 영화와 텔레비전 코미디들을 보았다. 10분 동안 배꼽이 빠지도록 실컷 웃고 나자 몇 달 만에 처음으로 두세 시간 동안 통증 없이 푹 잘 수 있었다. 커즌스는 우리의 마음이야말로 걸어 다니는 약사이자 우리와 늘 동행하는 약국이란 것을 깨달았다.

한 주 두 주 지나면서 커즌스는 기운을 얻었고, 해가 갈수록 몸을 더 많이 움직일 수 있었다. 이런 노력이 몸의 회복과는 상관이 없다거나 아무 노력을 하지 않았어도 몸이 나았을 거라거나 커즌스는 단지 스스로 투여한 위약 실험의 수혜자일 뿐이라고 짐작하는 사람도 있을 것이다. 하지만 커즌스는 자신이 했던 실험은 살겠다는 의지와 상상력이 우리에게 내재되어 있는 거대한 힘을 촉발하고 드러낼 수 있음을 보여주는 증거라고 믿는다.

유익한 3가지 습관

나는 자기 다짐의 과정에 많은 도움이 되는 3가지 습관을 발견했다.

1. 긴장 완화 기법을 이용해 긍정적인 마음을 심는다

매일매일 정신없이 바쁘게 살다 보면 긍정의 효과를 누리지 못한다. 몸과 마음이 느긋해져야 한다. 긴장 푸는 법을 배우면 느긋해질 수 있다. 아주 느긋한 상태가 되면 뇌파가 느려진다. 그러면 암시에 잘 걸리는 상태가 되고, 시각적·감정적 긍정을 통해 아이디어와 이미지를 우리 내면 깊이 심을 수 있다. 물론 과제는 긴장 푸는 법을 배우는 것이다.

긴장을 푸는 방법은 많다. 가장 좋은 방법 중 하나는 근육을 의식적으로 긴장시켰다가 이완하는 것이다. 이 방법은 만약 당신이 근육을 긴장시킬 수 있다면 이완시킬 수도 있다는 이론을 바탕으로 한다. 또 다른 방법은 자신이 봉제 인형처럼 흐늘흐늘하게 느껴지도록 정신적인 긴장을 푸는 것이다. 혹은 자신의 모든 근육이 늘어져 있다고 상상해본다. 발부터 시작해 다리, 몸통, 팔, 목, 등, 얼굴로 올라가면서 스스로가 점점 무거워지는 모습을 마음속으로 그려본다.

해가 뜰 때나 지기 직전, 어스름이 깔릴 무렵에는 뇌파가 훨씬 더 느려진다. 이때가 가장 좋은 기회. 하루의 어느 때보다도 잠재의식이 더 수용적인 상태가 되는 시간이기 때문이다. 나는 내 아이들과 함께 자기 다짐을 하면서 긴장 완화 원칙을 적용하여 엄청난 성과를 얻었다.

2. 확실한 성공을 거두려면 반복이 중요하다

변화를 시작하거나 앞으로 있을 일에 대비해 자기 다짐을 하고 싶다면 몇 번이고 자꾸 반복해야 한다. 자기 다짐의 말을 되뇌고 읽고 의식하라. 자기 다짐이 당신의 일부가 되게 하라. 지금 당신은 자신을 프로그래밍하고 있음을 명심해야 한다.

당신은 지금까지의 자신을 만든 예전의 각본을 극복하는 중이다. 부모, 친구, 사회, 환경 혹은 유전자가 제시한 각본대로 살아가는 대신 자기 다짐을 하면서 스스로 선택한 각본에 따라 살기 시작했다. 자기 다짐을 반복함으로써 당신은 성장하고 변화할 수 있다.

3. 상상력과 시각화를 동원해 변화를 이룬다

자기 다짐을 할 때 마음속으로 더 구체적인 부분(사무실의 커튼 색, 아침을 차릴 때 맨발로 밟고 있는 마루의 감촉, 책상에 펼쳐진 계획서, 딸의 성적표)까지 명확하고 생생하게 그려볼수록 구경꾼이 아니라 참여자로서 긍정의 경험을 할 것이다. 더욱 의식적으로 변화를 그려볼수록 삶의 각본을 다시 쓸 가능성이 더 커진다. 우리 대부분은 이 창조적인 힘을 간과하고 있다.

우리는 기억에는 지나치게 의존하면서 상상력에는 별로 기대지 않은 채 살아간다. 현재나 과거는 엄청나게 중요하게 여기면서 자신이 무엇을 할 수 있는지는 충분히 생각하지 않는다. 이런 행태는 백미러를 보면서 차를 전진시키는 것이나 마찬가지다.

유인우주선 프로그램에서 우주비행사는 우주비행 시뮬레이터에서 오랜 시간을 보내며 어떤 인간도 경험하지 못한 상황에 놓여도 과제를 완수하도록 몸과 마음을 훈련하고 길들인다. 우주비행사가 우주에서 그 누구도 겪어보지 않은 과제에 직면했을 때 믿을 수 없을 정도로 훌륭하게 임무를 수행하는 것은 모의 경험을 해본 덕분이다.

상상력과 창의력은 장래에 일어날 사건들을 머릿속으로 그려 보도록 해준다. 기존의 검열기준에 구애받지 않는 정신은 유연하고 적응력이 높아지고 자유로워진다. 그리하여 진정으로 창의적이고 혁신적일 수 있다.

당신의 비밀의 화원에서 자기 다짐의 힘을 이용해 의미 있는 삶을 가꾸기 바란다.

적용 방법과 제안

◆

- 1차적 강점을 향해 나아가는 과정을 추적, 관리하기 위해 일기를 쓴다. 이 책에서 제안하는 방법 중에는 생각을 기록하고 서면 계획을 세워보라고 독려하는 것이 많다.

- 일기에 다음 질문들에 대한 답을 쓴다.어떤 식으로 1차적 강점을 희생하면서 2차적 강점을 좇고 있는가? 내가 옳다고 믿는 것이 무엇인가? 내 마음 속 가장 깊은 곳에 뿌리박힌 도덕적 확신은 무엇인가? 자기 자신에 대해 발견한 것들을 적어본다.

- '비밀의 화원'에서 얻을 수 있는 흥미로운 성과 중 하나는 자신의 동기를 의식적으로 선택할 수 있다는 것이다. 바꿔야 하는 동기가 있는가? 자신의 가장 중요한 동기와 이를 실현하기 위해 할 수 있는 일을 기록한다.

- 효과적인 자기 긍정의 말을 작성하는 단계를 밟는다. 먼저 평소에 스스로에게 하는 말을 써보고 이를 고쳐 쓴다. 자기 자신에 관해 어떤 것을 확실하게 말할 수 있는가? 자신의 좋은 점 혹은 뛰어난 점은 무엇이며 세상에 어떤 기여를 할 수 있는가?

아무도 보지 않는다고 생각될 때
우리가 하는 일이 우리의 성품을 말해준다.
– H. 잭슨 브라운

2 성품: 당신은 어떤 사람인가?

성품이 역량보다, 즉 당신이 어떤 사람인지가 당신이 무엇을 할 수 있는지보다 궁극적으로 더 중요하다.

나는 성품이 궁극적으로 역량보다 더 중요하다고 믿기 때문에 성품을 강조한다. 물론 둘 다 중요하지만, 성품이 더 기본적인 토대를 이룬다. 다른 모든 것은 성품이라는 주춧돌 위에 세워진다. 최고의 구조, 체계, 양식, 기술이 있다 해도 성품의 결함을 완벽하게 보충할 수는 없다.

또한 나는 용기와 배려가 감정적 성숙을 이루는 핵심 구성요소이며 감정적 성숙은 모든 결정과 인간관계의 토대를 이룬다고 생각한다.

감정적으로 성숙한 사람은 매우 효과적highly effective이기도 하

> 성품이 역량보다, 즉 당신이 어떤 사람인지가 당신이 무엇을 할 수 있는지보다 궁극적으로 더 중요하다.

다. 성숙한 사람은 자아가 건강하면서 타인도 존중한다. 이들은 원칙을 지키려는 용기와 타인에 대한 배려 사이의 균형을 잘 맞춘다.

성숙: 용기와 배려 사이의 균형

나는 성숙이란 용기와 배려의 균형을 맞추는 것이라는 말을 하버드 경영대학원의 스승 중 한 명인 흐랜드 삭세니언Hrand Saxenian 교수에게 처음 들었다. 당시 그는 이 주제로 박사학위 논문을 쓰고 있었다. 삭세니언 교수는 감정적 성숙이란 타인의 감정과 신념을 배려하면서 자신의 감정과 신념을 용기 있게 표현하는 능력이라고 가르쳤다.

나는 이 개념에 담긴 진리에 강한 인상을 받았다. 하지만 내게 더 강렬하게 와닿았던 것은 삭세니언 교수가 이를 몸소 보여주었다는 사실이다. 예를 들어 강의가 통계 부분으로 넘어갔을 때 삭세니언 교수는 자신이 통계에 대해서는 잘 모른다며 우리와 함께 배워나갈 것이라고 말했다. 그는 그러면서 우리가 느끼는 감정도 이해했다. 그때 우리는 다른 학생들, 다른 반들과 경쟁하면서 학교 전체가 보는 시험을 치러야 하는 상황이었다.

우리는 자기방어를 위해 학장 사무실에 대표를 보내 새 통계학

교수를 요구했다. 삭세니언을 교수로서 존경하긴 하지만 그가 통계를 잘 모르기 때문에 우리가 시험에서 불이익을 볼 것이라고 주장했다. 그런데 곤혹스럽게도 학장은 "음, 그냥 학생들이 할 수 있는 최선을 다하세요"라고만 말했다. 결국 우리는 삭세니언 교수에게 다시 돌아갔고 그의 도움을 받아 시험자료를 작성한 뒤 돌려보았다. 어떤 의미에서 우리는 서로서로 통계학을 가르쳤고, 우리 반은 여덟 개 반 중에서 2등이라는 성적을 거두었다.

확신하건대 우리가 시험에서 좋은 성적을 얻었던 건 삭세니언 교수의 용기와 배려심 덕분이었다. 삭세니언 교수는 자신이 이 주제를 모른다는 것을 솔직히 털어놓았고, 우리가 해결책을 찾도록 도와주었다. 그는 용기와 배려 사이의 균형을 잡는 것이 훌륭한 리더의 공통된 특징임을 보여주었다. 실제로 삭세니언 교수는 진정으로 위대한 지도자, 공유된 비전에 따라 강력한 문화를 구축한 지도자는 감정적 성숙의 이 2가지 특징을 보유한 사람이자 용기와 배려의 균형을 멋지게 맞췄던 사람이었다고 설명했다.

나는 다른 방식으로 이 개념을 검토해보았다. 먼저 경영철학, 대인관계 이론, 인간심리 이론의 역사를 살펴보았는데, 이 이론들에서도 동일한 두 개념이 발견되었다. 예를 들어 토머스 해리스Thomas Harris의 저서《아임 오케이 유어 오케이I'm OK-You're OK》로 유명해진 교류분석 이론은 에릭 번Eric Berne의《심리 게임 Games People Play》과 지크문트 프로이트의 심리분석에 이론적 뿌리를 두고 있다. "나도 괜찮고 당신도 괜찮아"가 용기와 배려의 균형을 맞춘 게 아니면 무엇이겠는가? "나는 괜찮지만, 당신은 괜찮지 않아"는 용기는 있지만 타인에 대한 존중이나 배려는 없음을 의미한다. "나는 괜찮지 않지만 당신은 괜찮아"는 자아 강도가 약하고 용기가 없음을 암시한다. 그리고 "나도 괜찮지 않고 당신도 괜찮지 않아"는 용기도 거의 없고 배려도 그다지 없음을 암시한다.

그다음으로 나는 로버트 블레이크Robert Blake와 제인 모튼Jane Mouton의 연구를 살펴보았다. 이 위대한 이론가들은 "당신은 과업 지향적인가, 아니면 사람 지향적인가"라는 두 개의 차원에서 성공을 검토했다. 어떤 사람들은 한 영역에서, 또 어떤 사람들은 두 영역 모두에서 약하다. 물론 가장 이상적인 형태는 사람 지향적이면서도 과업 지향적인 경우다. 다시 말해 과업을 완료할 수 있는 용기와 타인에 대한 존중과 배려가 결합된 경우다.

승-승적 접근 방식도 본질적으로 같은 개념이다. 승-승은 내가 이기기 위해 스스로를 존중하지만 상대 역시 이길 수 있는 방식으로 일하는 것이다. 나와 타인의 강점을 결합하여 시너지 효과를 일으키면 훨씬 더 나은 솔루션을 찾을 수 있으며, 이는 자기 사명서, 의사결정, 전략적 협력관계, 고객 및 직원과의 관계에서 분명하게 나타난다. 승-패적 접근 방식은 나는 존중하지만 상대와 그의 상황에 대해서는 배려가 적다. 반면 패-승적 접근 방식은 나에 대한 존중은 낮지만 타인에 대한 존중심은 높다.

나는 그 밖의 심리학 이론도 검토했고, 이 이론들이 모두 동일한 2가지 요인에 초점을 맞춘 것을 발견했다. 때로는 용기가 존중, 자신감, 강한 의지, 자아의 힘ego strength이라는 다른 용어로 불리고, 배려 대신 공감이나 친절이라는 용어를 사용하긴 했지만 개념은 동일하다. 또한 위대한 철학이나 종교 문헌에서도 이와 동일한 균형이 발견되었다. "남에게 대접받고자 하는 대로 남을 대접하라"라는 황금률은 시너지를 불러일으키는 이러한 정신을 표현한 것이다.

마지막으로 나는 제품이나 서비스의 품질을 극적으로 개선한 사람과 조직에 정기적으로 수여하는 맬컴볼드리지상의 수상자들을 여럿 인터뷰했다. 내가 "가장 힘든 과제가 무엇이었습니까?"라고 물어보면 항상 "통제를 포기하는 일이었어요"라는 대답이 돌아왔다. 실제로 이들은 "우리는 모든 이해당사자와 시너지 효과를 얻을 수 있는 관계를 구축해야 했어요. 다른 사람들을 외적 성격 위주로 바라보는 게 아니라 진심으로 깊이 믿어야 했죠. 또한 우리가 상황을 어떻게 생각하는지 효과적으로 표현하는 법도 배워야 했습니다"라고 말했다.

본질적으로 맬컴볼드리지상 수상자들이 배운 것은 승-승적으로 사고하기, 먼저 이해하고 다음에 이해시키기, 시너지 효과 내기(내가 제시한 7가지 습관 중 네 번째, 다섯 번째, 여섯 번째 습관)였다. 이런 습관을 연습함으로써 새로운 통찰력과 기술을 얻었고 새로운 선택지가 생겼으며 더 많은 협력관계와 유대관계를 맺고 창의력이 높아졌다. 즉 이런 결과는 승-승 정신, 용기와 배려 사이의 균형에서 나온 것이었다.

결과와 관계 개선

용기와 배려의 균형을 맞추는 것은 더 나은 결과와 관계를 얻을 수 있는 효과적인 방법이다. 이 둘의 균형을 맞추지 못하면 한쪽을 헌신하여 다른 한쪽을 얻게 된다. 예를 들어 예전에 나는 과업 지향적인 대규모 기업의 사장과 일한 적이 있다. 그는 성과를 얻는 데 관계 구축이 필요하다면 누구라도 홀딱 반하게 할 수 있는 사람이지만 머릿속에는 항상 과업이 있었다. 그에게는 과업이 관계를 정의했다. 다시 말해, 이 사장은 일단 누군가와 관계를 맺으면 그것을 이용하여 과업을 수행했다. 나는 이와는 반대인 사람도 알고 있다. 그는 관계를 간절하게 원해서 과업을 통해 관계를 맺는다.

하버드대학교의 뛰어난 연구심리학자인 데이비드 매클릴랜드 David McClelland는 일의 성공을 좌우하는 요인을 찾던 중 성취동기 검사를 개발했다. 먼저 입사 지원자에게 그림을 나눠주고 이를 바탕으로 이야기를 지어보라고 한다. 그 이야기를 들은 뒤 각지원자의 간략한 특성을 작성하고 이를 업무 요건과 대조하여 고용주에게 추천한다. 매클릴랜드는 사람을 권력 욕구, 소속 욕구, 성취 욕구에 따라 분류했다. 어떤 의미에서 그는 내면의 동기 개념을 검토하고 있었던 셈이다. 매클릴랜드는 성품이 장기적인 성공의 중요한 요인이라고 밝혔다.

역량보다 성품

훌륭한 전문교육을 받은 사람도 감정적으로 성숙하지 못하면 결과적으로 자신이 보유한 재능이 실패를 불러오는 원인이 될 수 있다. 예를 들어 앞에서 언급한 과업 지향적인 사장은 이사회와의 관계에서 자신의 사회적 자본을 다 소진해버려서 더는 이사들에게 권한이나 영향력을 행사하지 못하는 지경에 이르렀다. 이사회는 사장을 지지하지 않게 되었고 변화를 단행했다. 이사들은 잇따른 과장된 프레젠테이션과 사람의 마음을 혹하게 하는 인물에게 조종당하고 있다고 느꼈다. 이런 결과는 그 사장이 스스로 초래한 것이었다. 재능은 성품을 이기지 못한다. 하지만 대부분 사람이 받고 있는 훈련과 교육은 성품이 아니라 역량을 키우도록 설계되어 있다.

그렇다면 어떻게 이 역량 못지않게 중요한 성품을 개발할 수 있을까?

주변 사람들, 당신의 성공에 이해관계가 있는 사람들이 당신의 성품을 어떻게 평가하는지 알아보라. 한 개인의 역량과 성품에 대해 관계되는 모든 사람에게서 알차고 과학적이며 체계적인 피드백을 받는 시스템(이해당사자 정보시스템stakeholder information system)을 이용하면 이러한 평가를 알 수 있다. '360도 다면진단'

은 한 개인에 대해 직원, 고객, 상사, 동료 등 모든 이해당사자에게서 정보를 얻는다. 이 평가를 받은 사람은 이렇게 말할 것이다. "맙소사, 나는 팀에서 실적을 내고 있는데도 팀 구축과 상호의존 부분에서 낮은 점수를 받았어. 이 상황을 개선하려면 무엇을 할 수 있을까?"

이제 이들은 성품 함양을 위해 어떤 부분에서 노력해야 할지 깨닫는다. 그러면 가족, 친구, 전문단체, 교회, 협력단체 등 의지할 자원들을 정리할 수 있다.

겸손과 용기: 미덕의 원천

나는 겸손이 미덕의 어머니라고 주장한다. 겸손은 우리가 원칙 중심으로 살도록 도와주기 때문이다. 겸손한 사람은 지속해서 성품을 함양해야 한다는 것을 알고 있고 다른 사람을 배려한다. 이렇게 겸손이 미덕의 어머니라면, 용기는 미덕의 아버지다. 용기와 배려는 우리가 완전히 통합적인 사람이 되도록 돕는다. 카를 융은 우리는 말년이 될 때까지 개성화individuation(인격의 완전한 통합)를 이룰 수 없다고 말했다. 여러 다른 방식으로 수많은 경험을 거쳐야 이러저러한 실수를 했을 때의 결과를 차츰 깨닫고 서서히 내면의 성품을 통합시킬 수 있다.

인내심을 가지고 견실한 성품을 쌓아야 하는 것은 이 때문이다. 작은 것부터 시작해 이 효과적인 원칙들을 매일 조금씩 지키는 사람은 차츰 영향력을 확대하여 좋은 성품의 본보기가 되고 마침내 다른 사람들의 멘토이자 스승이 될 것이다. 또한 가족, 조직 혹은 공동체에 존재하는 부정적인 행위의 악순환을 끊을 수 있는 변화의 촉매, 변환자transition person 역할을 할 것이다.

예를 들어 나는 세계적인 기업의 최고경영자들과 일한 적이 있다. 이들은 많은 직원이 능력은 뛰어난데 배려심이 거의 없어서 골치를 앓고 있었다. 한마디로 직원들이 똑똑하긴 하지만 무례했다. "이 문제는 사람을 뽑을 때, 이들을 파트너로 만들 때, 보상을 할 때 나타납니다. 우리 회사에는 신뢰가 낮은 조직문화가 만연합니다. 뛰어난 인재가 떠나는 게 놀라운 일이 아니죠. 우리 회사에는 모든 사람이 상대방의 마음을 점치려고 하는 정치적 문화가 있어요. 우리는 회사를 세울 때의 원칙들과 너무 멀어졌습니다."

결국 중요한 건 조직문화의 성격이다. 하지만 우리는 조직문화의 성격을 망가뜨리는 많은 요소를 방치하다가 회사 설립자들이 생각한 원래의 성격을 잃어버리고 만다. 프로그래머가 아니라 프로그램이 되어버린다. 따라서 1차적 강점의 지렛대를 누르려면 프로그램을 다시 작성하는 작업을 시작해야 한다.

새로운 프로그램 작성하기

그렇다면 우리 자신의 프로그램을 어떻게 다시 작성할까? 종종 우리는 원하는 결과를 얻지 못하거나 재산을 잃거나 하는 상황, 혹은 원하는 의미나 성취를 이루지 못하거나 동료, 배우자, 자녀와 원만한 관계를 유지하지 못하거나 하는 위기에 처하는 바람에 겸손해진다. 이렇게 겸손해지면 궁극적으로 중요한 것은 존중, 공감, 정직, 신뢰 같은 보편적 원칙이라는 사실을 좀 더 잘 받아들이고 자기 자신에게 더욱 큰 책임감이 생긴다. 그러면 확고한 사명감을 발달시켜 여기에 따라 생활하려는 의지가 강해지고 더욱 진실해진다. 결국 우리가 어떤 사람인지(성품)가 성공의 가장 중요한 구성요소다.

나는 역량과 성품 사이의 균형을 가장 이상적으로 맞추도록 성장할 수 있는 유일한 방법은 양심에 따라, 자신이 옳다고 알고 있는 원칙들에 따라 사는 것이라는 결론을 내렸다. 역량이나 성품 중 어느 한쪽이 어떤 식으로든 흔들리기 시작하면 나는 보통 며칠이 아니라 몇 시간 안에 내 삶의 어떤 부분에서 성실성이 부족했기 때문인지 찾아낼 수 있다.

우리는 신인 시절 특정한 역할들에 이용당한다고 느꼈다는 배우들의 이야기를 읽는다. 이들은 더 존중받기 시작하면 자신의 새로운 비전에 도움이 되지 않는 각본과 역할은 거절한다. 심지어 직접 각본을 쓰거나 어떤 배역을 맡을지 자신이 정할 수도 있다. 우리도 각자 하는 일에서 이렇게 할 수 있다.

나는 우리가 대부분 사람이 인정하는 것보다 더 주도적으로 자신의 각본을 쓰고 그에 따라 살아갈 수 있다고 확신한다. 또한 그 때문에 치러야 하는 대가도 잘 알고 있다. 이렇게 하는 건 어려운 일이다. 시각화와 긍정이 필요하며, 약속을 하고 지키는 것부터 시작하여 감각, 사고, 느낌, 직관의 성격 전체에 더는 충돌이 일어나지 않을 때까지 진실한 삶을 살아야 한다.

성품 함양과 개인적 수양

자신을 억압하고 삶의 질을 떨어뜨리는 신체적·감정적 중독을 끊어야 하는 사람이 많다. 그러기 전까지는 성품 함양에 진전을 보기 어렵다. 몸이 의지를 지배하기 때문이다. 일단 그런 중독을 끊으면 발전을 도모할 수 있다. 자신의 취향을 어느 정도 지배할 수 있으면 열정도 지배할 수 있고, 동기와 욕구도 체계화할 수 있다. 이런 상태가 되면 성품이 크게 함양될 수 있다. 마치 지구의 거대한 중력에서 벗어나 유연성과 자유가 존재하는 우주로 뛰어드는 것과 비슷하다.

우리는 모두 매일 이러한 신체적 습관, 취향과 싸운다. 개인적으로 나는 자신이 지혜와 양심, 올바른 원칙들의 영향 아래 항상 있어야 한다는 것을 알고 있다. 그러지 않으면 조만간 그 결과들에 직접적으로 시달리거나 주위 사람들이 힘들어하기 시작한다. 하나의 원칙을 깨면 다른 원칙이 깨질 수 있다. 가령 나는 식사 자리에서 게걸스럽게 먹다 보면 다른 사람들의 기분에 둔감해질 수 있다는 것을 알게 되었다. 따라서 자신을 통제하며 살아야 한다. 화가 날 때마다 자기분석을 해보면 대개는 나 자신이 경솔하거나 제멋대로 굴어서 그런 것임을 알 수 있다. 그때 내 행동을 정당화하고 합리화할 수도 있지만, 양심을 속이면 의지가 약해진다는 것을, 또한 다른 사람들의 요구와 감정에 대한 배려도 약해진다는 것을 알고 있다.

성품이라는 튼튼한 토대가 자리를 잡으면 여기에 성격의 갖가지 다채로운 요소를 더할 수 있다. 성품이라는 뿌리가 없으면 어떤 역할을 그럴싸하게 연기할 수는 있지만 결정적인 순간이 되면 뿌리째 뽑혀버린다. 이렇게 뿌리째 뽑히는 경험은 깨달음을 얻기 위해 아주 큰 대가를 치르는 경우지만, 다시 진실한 삶을 살기 위해 노력할 때 많은 도움이 되는 유용한 경험이기도 하다.

적용 방법과 제안

◆

- 당신 삶의 비전, 즉 가족과 조직, 공동체에 어떻게 기여할지에 대한 비전에 근거해 자기 사명서를 작성한다. 이 사명서는 변하지 않는 원칙들에 근거하여 작성해야 한다.

- 타인과 소통할 때 용기와 배려 사이의 균형을 생각한다. 당신은 타인의 감정과 신념을 배려하면서 자신의 감정과 신념을 용기 있게 표현할 수 있는가? 다음번에 누군가와 중요한 대화를 할 때 이 균형을 맞추기 위해 의도적으로 노력해보라.

- 당신은 생산성과 생산력의 균형을 어떻게 맞추고 있는가? 먼저 하루에 생산적으로 보내는 시간이 얼마인지 측정한 뒤 운동, 독서, 학습, 다른 사람과의 관계 구축 등 생산력을 향상시키는 데 사용하는 시간과 비교해본다. 그리고 이 활동을 하면서 든 생각을 적어본다. 여기에서 무엇을 배웠는가? 바꿔야 할 부분은 무엇인가?

- 신체적·감정적 중독은 마음과 정신을 위축시킨다. 우리 대부분은 자신의 발전에 방해가 되는 습관이 몸에 배어 있다. 당신을 방해하는 습관이 무엇인가? 이런 습관들에서 벗어나기 위해 어떤 조치를 취할 수 있는가? 일단 나쁜 습관 하나를 없애거나 자신을 발전시키고 삶을 개선할 습관 하나를 기르겠다는 목표를 세워라.

의견은 바꾸되 원칙은 지켜라.
잎은 바꿔도 뿌리는 그대로 보존하라.
— 빅토르 위고

3 원칙과 일치하는 삶

원칙과 자연법칙은 절대적이고 논쟁의 여지가 없을 정도로 명백하며 항상 타당하다. 이는 성공적인 삶을 사는 토대가 되는 진리다. 특히 1차적 강점을 얻으려면 원칙들을 중심으로 살아가야 한다. 이번 장에서는 원칙을 중심으로 사는 방법에 대해 알아보겠다.

1차적 강점을 얻는 열쇠는 원칙에 초점을 맞추는 것이다. 세상을 지배하는 것은 우리가 아니라 원칙들이다. 우리가 세상을 지배한다는 생각은 오만이다. 물론 자신의 행동은 지배할 수 있지만 그 행동의 결과는 지배하지 못한다. 행동의 결과는 원칙과 자연법칙에 따라 지배된다.

성품을 함양하고 삶의 질을 높이려면 우리의 믿음과 행동을 보편적인 원칙들과 일치시켜야 한다. 이 원칙들은 특정 개인과 상관없으며 외부에서 작용한다. 또한 사실에 기반을 두고 있으며 객관적이고 따로 설명할 필요 없이 명백하다. 이들은 우리가 알건 모르건, 지키건 지키지 않건 우리에게 영향을 미친다.

왜 원칙들이 중심이 되어야 할까?

어떤 사람들은 내가 원칙과 가치의 차이를 놓고 왜 그렇게 유난을 떠는지 의아해한다. 이들은 "저는 중요하게 생각하는 가치들이 있어요. 어느 누구의 가치 못지않게 훌륭한 것들이에요"라고 말한다. 하지만 내게는 원칙과 가치를 구별하는 일이 중요하다. 대부분 사람이 가치를 원칙이라고 착각하기 때문이다. 실제로 한 CEO는 내게 "우리 회사는 가치를 중심으로 일합니다"라고 말했다. 나는 "가치 중심으로 일하지 않는 회사는 없습니다. 정말 중요한 건 그 회사가 좇는 가치가 원칙이라고 불리는 외부의 자연법칙들에 근거하느냐입니다. 그 원칙들이 궁극적으로 모든 상황을 지배하기 때문이죠"라고 이야기해주었다.

당신과 동료들이 시간을 들여 가치체계를 세우는 작업을 한다면 보통 그 가치에는 진짜 원칙이 반영되어 있을 것이다. 하지만 때로는 더 광범위한 문화(예: 미디어)나 하위문화(예: 특정 음악 그룹에 대한 열광), 마음을 끄는 힘(예: 강렬한 감정적 사건이나 사람을 강하게 끌어당기는 성격. 자아가 강하고 특정 방향으로 숨은 의도가 있는 영향력 큰 상사가 이에 해당한다)으로 그 가치가 왜곡된다. 이렇게 왜곡된 가치는 당신의 방향감각과 도덕적 태도를 완전히 망가뜨릴 수 있다. 많은 기업에서 흔히 존재하지만, 입 밖에 내서 말하지 않는 가치가 탐욕이다. 탐욕은 원칙을 지키면서 수익성을 추구하라는 가치를 왜곡하며, 이런 왜곡이 일어나면 당신의 뿌리가 흔들린다. 불안정하고 기만적인 사람이 되고 내면의 깊은 혼란을 겪는다.

사람들이 내게 던지는 또 다른 질문은 절대적 진리 대 상대적 진리라는 매우 오래된 논쟁과 관련되어 있다. 사람들은 "모든 것이 상대적인데 왜 정북향 같은 게 있다고 말씀하시나요?"라고 묻는다.

그러면 나는 진리의 3가지 기준을 제시한다.

1. 보편적이다

보편적인 원칙들이 없다면 정북향은 없다. 당신이 의지할 수 있는 건 아무것도 없다. 그러면 내적 성품을 중시하는 윤리는 잊어버리고 사회적·경제적 시장에서 잘 팔릴 만한 이미지만 만들면 된다. 그리하여 결국 성실성, 정직 같은 자연법칙들과 관계없는 업무 및 정치 시스템만 남는다.

건강한 사회를 이루는 열쇠는 올바른 원칙들과 일치하는 사회적 의지, 가치체계를 갖추는 것이다. 원칙으로부터 독립을 선언하면 왜곡된 가치를 따르는 병든 조직이 남을 것이다. 예를 들어 강탈을 일삼는 범죄 조직원이 내세우는 사명과 가치에도 **팀워크,**

왜곡된 가치는 당신의 방향감각과 도덕적 태도를 완전히 망가뜨릴 수 있다. 이런 왜곡이 일어나면 당신의 뿌리가 흔들린다. 불안정하고 기만적인 사람이 되고 내면의 깊은 혼란을 겪는다.

협력, 신의, 수익성, 혁신, 창의력 같은 단어가 들어 있어서 많은 기업의 강령과 흡사해 보인다. 문제는 이러한 범죄조직의 가치체계는 정직과 타인에 대한 존중이라는 자연법칙을 기반으로 하지 않는다는 것이다.

2. 시간이 흘러도 변하지 않는다

정북향은 시간이 흘러도 변하지 않는 근본적 원칙을 상징한다. 자연법칙에서 벗어나 현재 유행하고 있는 것을 좇으면 판단력이 흐려진다. 왜곡된 개념을 받아들이며 상황을 설명하려고 합리적 거짓말을 늘어놓기 시작한다. 또한 뿌린 대로 거둔다는 추수의 법칙에서 벗어나 성공의 사회적·정치적 규칙을 따르게 된다.

예를 들어 경제적 어려움에 부닥친 사람들의 이야기를 읽을 때면 형편에 맞지 않게 집을 너무 사치스럽게 지었다거나, 돈을 많이 빌렸다거나, 투기를 과하게 했다거나, 객관적인 피드백을 받지 못하고 자기 생각대로만 했다는 안타까운 고백을 종종 본다. 이제 이들은 갚아야 할 태산 같은 빚을 떠안고 있다. 부자가 되길 꿈꾸는 건 고사하고 오로지 살아남기 위해 앞으로 몇 년간 건강까지 해쳐 가며 열심히 일해야 한다.

당장의 편의를 위해 탁월한 가치들을 희생하면 궁극적으로 시간과 돈, 명성, 인간관계에서 값비싼 대가를 치른다. 눈앞의 만족을 추구하는 사람도 나쁜 결과를 맞는다. 자연법칙에서 벗어나는 것은 위험하다. 양심은 시간을 초월하는 진리와 원칙들의 보고이며 자연법칙을 지키는지 감시하는 우리 내면의 모니터다. 자연법칙과 원칙들(나침반의 정북향)만이 유일하게 변하지 않는다. 과학과 기술은 다른 모든 것의 외관을 바꾸어놓지만 인간의 본성을 지배하는 근본적 법칙들은 시간이 지나도 그대로 적용된다.

3. 자명하다

"우리는 다음을 자명한 진리라고 본다"라는 독립선언문의 구절처럼 진짜 원칙들은 따로 설명하지 않아도 그 자체로 명백하다. 그 원칙들에 반박하려 애써봤자 소용없다. 어떤 원칙을 반박하려고 애쓰다가 바보 같은 주장이라는 걸 깨닫게 된다면 그 원칙은 자연법칙이다. 예를 들어 "당신의 행동 때문에 생긴 문제를 변명으로 모면할 수는 없다"라는 원칙을 생각해보자. 신뢰받게 행동하지 않으면 신뢰를 얻을 수 없다는 원칙이다. 자, 이제 이 개념을 논박해보자. 스스로의 행동으로 생긴 문제를 변명으로 모면하려는 사람이나 내부에서 자초한 문제에서 벗어나려고 언론 플레이를 하는 기업을 관찰해보라.

결국 원칙이 지배한다

현재 당신의 생활 방식이 자연법칙과 어긋난다면 가치 기반의 지도를 원칙 중심의 나침반으로 바꾸어야 한다. 궁극적으로 원칙이 지배한다는 것을 깨달으면 기꺼이 가치보다 원칙을 중시하고 자신의 역할, 목표, 계획, 행동을 원칙에 일치시킬 것이다.

하지만 우리는 보통 위기에 처해야만 이렇게 한다. 회사가 인원을 감축하거나 일자리가 위태로워지거나 상사와의 관계가 틀어지거나 주요 거래처를 잃거나 결혼생활이 위협받거나 경제적 문제가 최고조에 이르거나 식사와 운동에 신경 쓰지 않아 건강에 문제가 생기는 등의 위기가 닥쳐야 비로소 돌아보는 것이다. 이렇게 촉매 역할을 하는 위기가 닥치지 않으면 우리는 대개 무감각한 자기만족 속에 살아간다. 괜찮은 일 혹은 편하고 일상적인 일을 하느라 바빠 잠깐 멈춰 서서 자신이 정말로 중요한 일을 하고 있는지 스스로에게 물어보지 않는다. '괜찮은 일'에 만족한다면 '최상의 일'을 할 수 없다.

겸손은 모든 미덕의 어머니다. 겸손한 사람은 자연법칙과 보편적 원칙들을 인정하고 여기에 맞춰 살려고 노력하기 때문에 발전할 수 있다. **용기는 모든 미덕의 아버지다.** 올바른 원칙들에 따라 삶을 영위하고 진실한 선택을 하려면 많은 용기가 필요하다.

자기 생각대로 혹은 사회적으로 인정된 가치체계를 세우고 원칙보다 자신이 중요하게 생각하는 것을 바탕으로 임무와 목표를 설정하면 자기 멋대로 행동하고 오만하며 의존적인 사람이 되기 쉽다. 오만한 사람은 남에게 강한 인상을 심어주길 원하지만 겸손한 사람은 타인에게 도움이 되고 싶어 한다. 그저 자신이 중요하게 생각하는 일을 한다고 해서 삶의 질이 향상되는 것은 아니다. 정북향 원칙들이 바탕이 되지 않으면 정부나 기업, 교육 분야의 어떤 개혁도 성공하지 못한다.

원칙이라는 구명보트에 올라타 안전하게 움직일 수 있는데도 스스로 선택한 가치와 나쁜 습관이 바탕이 된 자신의 현재 스타일을 고수하는 지도자를 볼 수 있다. 그들은 심지어 배가 바닷속으로 가라앉고 있어도 꿈쩍하지 않는다. 오만은 사람들의 경력을 망쳐버린다. 오만은 "내가 최선책을 알고 있어!"라고 외친다. 오만이라는 옷을 입으면 앞이 보이지 않아 더듬거리고 비틀거린다. 자만심을 부리면 추락하기 마련이다. 하지만 겸손이라는 옷을 입으면 발전할 수 있다. 영화 〈인디아나 존스: 최후의 성전Indiana Jones and the Last Crusade〉에서 인디아나 존스가 배웠던 것처럼 "회개하는 자만이 위험한 관문을 통과할 수 있다."

자만심에 빠지면 종종 자신이 뿌린 것과 다른 열매를 거두길 원한다. 우리의 많은 패러다임과 여기에서 생긴 습관은 착각, 광고 슬로건, 이달의 훈련, 외적 성격 중심의 성공 전략을 바탕으로 하기 때문에 기대하는 결과를 낳지 못한다. 착각 속에서 훌륭한 삶을 일굴 수는 없다. 그렇다면 삶의 질을 좌우하는 실체와 우리의 삶을 어떻게 일치시킬까?

인간의 4가지 천부적인 능력

인간에게는 자아의식, 양심, 독립 의지, 창의적 상상력이라는 4가지 천부적인 능력이 있다. 이 천부적 능력들은 인간을 동물과 구별해줄 뿐 아니라 우리가 현실과 착각을 구분하고 삶의 질을 지배하는 법칙에 맞춰 살도록 돕는다.

• **자아의식은 자신의 패러다임, 즉 세상을 바라보는 렌즈를 점검하고 생각을 검토하게 해준다.** 또한 자신의 사회적 각본을 이해하고 자극과 반응 사이의 간격을 확대할 수 있게 돕는다. 자아의식을 가지면 2차적 강점에서 벗어나 1차적 강점을 추구하도록 자신의 프로그램을 다시 짜거나 각본을 다시 쓰겠다는 책임감이 생긴다. 심리학, 교육, 훈련 분야의 많은 활동이 자아의식 확장에 초점을 맞춰 이루어진다. 대부분 인기 있는 자기계발서 역시 이 능력을 중점적으로 다룬다. 하지만 자아의식은 인간 특유의 천부적 능력 중 하나일 뿐이다.

• **양심은 우리 내면에서 사고보다 더 깊은 곳에 있는 무언가, 그리고 각자의 가치보다 더 신뢰할 만한 외부의 무언가와 만나게 해준다.** 양심은 시대의 지혜 및 마음의 지혜와 우리를 이어준다. 또한 자신이 정북향 원칙들에 어긋나는 행동을 하거나 궁리하고 있음을 자각하게 해주는 내면의 안내 시스템이다. 양심은 보편적이다. 나는 기업과 개인들의 사명서 작성을 도우면서 가장 개인

적인 것이 가장 보편적이라는 걸 알게 되었다. 개인이나 조직의 종교, 문화, 배경과 상관없이 모든 사명서에는 삶 영위하기(신체적·경제적 안녕), 사랑하기(사회적 안녕), 학습하기(정신적 안녕), 후대에 유산 남기기(영적 안녕)라는 동일한 인간의 기본적 욕구가 다루어졌다.

인간에게는 자아의식, 양심, 독립 의지, 창의적 상상력이라는 4가지 천부적인 능력이 있다. 이 천부적 능력들은 인간을 동물과 구별해줄 뿐 아니라 우리가 현실과 착각을 구분하고 삶의 질을 지배하는 법칙에 맞춰 살도록 돕는다.

- **독립 의지는 행동하는 능력이다.** 자신의 패러다임을 초월하고, 상류로 헤엄쳐 가고, 자신의 각본을 다시 쓰고, 감정이나 기분이나 상황에 따라 반응하는 것이 아니라 원칙에 따라 행동하는 힘이다. 환경이나 유전은 아주 강한 영향을 미칠 수 있지만 우리를 지배하지는 못한다. 우리는 희생양이 아니며 과거의 산물이 아니다. 우리는 자신이 내린 선택에 따라 만들어지며 책임을 질 수 있는 존재다. 다시 말해 우리는 자신의 반응을 선택할 수 있다. 이 선택할 힘에는 우리의 독립 의지가 반영된다.

- **창의적 상상력은 현실을 뛰어넘어 무언가를 창조할 힘을 준다.** 상상력을 발휘하면 자기 사명서를 작성하거나 목표를 세우거나 회의를 계획할 수 있고 매우 힘든 상황에서도 원칙들에 충실하게 살아가는 자신의 모습을 그려볼 수 있다. 우리는 자신이 원하는 어떤 미래의 시나리오도 마음껏 상상할 수 있다. 기억에만

의존해서는 안 된다. 기억은 한정적이고 과거를 다룬다. 반면 상상력은 무한하며 현재와 미래, 잠재력, 비전, 임무, 목표를 다룬다. 현재에는 없지만 앞으로 이루어질 어떤 것이라도 상상할 수 있다. 일반적으로 우리는 성공에 대해 더 열심히 노력하고 이른바 최선을 다하라는 식으로 접근한다. 그러나 의지력과 창의적 상상력이 결합되지 않으면 그러한 노력이 효과를 얻지 못할 것이다.

인간 특유의 재능 육성하기

이런 천부적 능력을 향상시키려면 지속적인 육성과 연습이 필요하다. 마치 밥을 먹는 것과 비슷하다. 어제 밥을 먹었다고 오늘의 허기가 달래지는 건 아니지 않은가. 지난 일요일에 이 능력을 발달시키는 연습을 많이 했다고 목요일에 들이닥친 과제에 대비가 되는 건 아니다. 매일 아침 명상을 하고 진실하고 정직하게, 할 수 있는 한 지혜롭게 과제를 처리하는 자신의 모습을 그려보면 과제에 대응할 준비가 훨씬 더 잘 갖추어질 것이다.

이 독특한 천부적 능력을 육성하는 4가지 방법을 소개하겠다.

• **일기를 써서 자아의식을 발달시킨다.** 일기를 쓰면서 우리는 매일 자신의 경험을 깊이 분석하고 평가한다. 일기 쓰기는 자아의식을 높이고 모든 천부적 능력을 발달시키면서 이들 사이의 시

너지 효과를 높이는 효과적인 활동이다.

• **양심에 귀를 기울이고 반응하여 양심을 교육시킨다.** 우리 대부분은 양심을 발달시키는 데 다소 불리한 환경에서 일하고 살아간다. 양심의 소리를 명확하게 들으려면 대개 깊이 생각하거나 고요히 사색해야 하는데, 우리는 좀처럼 이렇게 하지 않거나 이런 상태가 되기 어렵다. 오히려 우리는 정북향 원칙들을 지키라고 가르치는 고요한 내면의 목소리에 둔감해지게 하는 행동, 시끄러운 소리, 조건, 소셜미디어, 잘못된 패러다임에 빠져 허우적거린다.

나는 일의 편의상 거짓말이나 은폐, 속임수, 책략이 필요하다는 말을 듣곤 한다. 사람들은 그런 행태가 일의 일부라고 말한다. 그게 바로 일이라고도 말한다. 동의할 수 없는 말이다. 나는 그런 합리화가 사람들 사이의 신뢰, 조직 사이의 신뢰를 약화한다고 생각한다.

우리가 추구해야 하는 삶은 완전히 진실한 삶뿐이다. 물론 인정한다. 그렇게 사는 건 힘들다. 신뢰받는 조언자(혹은 대리인, 회계사, 법적 자문인)들이 "이렇게 하면 정치적 자살이 될 겁니다"라거나 "이렇게 하면 우리 이미지가 나빠질 겁니다. 은폐하거나 거짓말을 합시다"라고 권할 수 있다. 이럴 때 당신은 이러지도 저러지도 못하는 상황에 빠졌다고 느낄 수 있다. 하지만 잘 교육받은 양심이나 내부의 나침반을 가진 사람은 선택할 수 있는 대안이 나쁜 선택지 하나밖에 없는 상황에 빠지는 일이 아예 없지는 않더라도 극히 드물 것이다. 그런 사람에게는 항상 여러 선택권이 주어진다. 자신에게 주어진 천부적 능력을 현명하게 발휘하는 사람 앞에는 몇 가지 도덕적 선택권이 열릴 것이다.

따라서 자신의 양심, 내면의 나침반을 얼마나 잘 갈고 닦았는지가 많은 영향을 미친다. 운동선수는 신체를 단련하기 위해 대가를 치른다. 양심에 대해서도 그와 같은 규칙적인 단련이 필요하다. 내면의 불안을 자주 느낄수록 무엇이 옳은지 그른지 판단하기 어려운 회색지대gray area가 넓어질 것이다. 당신은 늘 그런 회색지대에 놓일 터이며, 특히 자신이 받은 교육과 경험이 한계에 달했을 때는 더욱 판단하기 어려워진다. 하지만 당신이 성장해나간다면, 당장의 편의가 아니라 정말로 옳다고 생각되는 기준에 따라 선택하는 법을 배울 것이다.

• **약속을 하고 지킴으로써 독립 의지를 키운다.** 독립 의지를 강화하는 가장 좋은 방법 중 하나는 약속을 하고 지키는 것이다. 그렇게 할 때마다 우리는 개인적 성실성이라는 은행 계좌에 저축을 하게 된다. 자기 자신에 대한 믿음, 자기가 한 말을 실천하는 능력에 대한 믿음이 쌓이는 것이다. 한 번에 한 걸음씩 매일 실천해보자.

• **시각화를 이용해 창의적 상상력을 발달시킨다.** 시각화는 세계적인 운동선수와 연주자들이 사용하는 효과적인 정신훈련으로, 삶의 질을 향상시키는 데도 도움이 될 수 있다. 예를 들어 불편하거나 괴로운 상황에 처한 자신의 모습을 그려본다. 그리고

그런 상황에 처했을 때 평소 대응하던 방식이 아니라 자기 사명서에 기록된 원칙과 가치에 따라 행동하는 자신을 상상해본다. 당신의 미래를 예측하는 가장 좋은 방법은 그 미래를 스스로 만드는 것이다.

> 우리가 추구해야 하는 삶은 완전히 진실한 삶뿐이다.

뿌리는 열매를 낳는다

원칙을 중심으로 생활하면 겸손해진다. 겸손한 사람은 과거에서 더 많은 것을 배우고 미래에 대한 희망을 품는다. 자신감 있게 행동하고 오만하지 않으며 현재에 충실하게 산다. 오만은 자아의식 부족, 무분별, 착각, 자신감의 잘못된 형태이며 우리가 자연법칙보다 위에 있다는 그릇된 인식에서 나온다. 진짜 자신감은 원칙에 따라 행동하면 삶의 질이 향상될 것이라는 침착한 확신에 단단히 뿌리내리고 있으며 성품과 역량에서 나온다. 재산이나 지위, 자격증이 있다고 해서, 타인과 비교하여 내가 더 낫다고 느낀다고 해서 마음이 편해지지는 않는다. 마음의 평화는 정북향 원칙들을 온전히 지킬 때 얻을 수 있다.

솔직하게 털어놓자면, 나 역시 완전히 성실해지려고 힘들게 노력하며, 말한 것을 항상 실천하지도 못한다. 말하고 가르치는 것보다 내가 가르친 것을 실천하기가 더 어렵다. 나는 일련의 올바른 원칙들을 체화하기 위해서는 완전히 성실해지려고 최선을 다

해야 한다는 것을 깨달았다.

나는 사람들이 살면서 원칙을 중시하지 않는 경우 성공을 위해 정치적·사회적 편법을 선택하고 상황에 따라 윤리의식이 바뀌는 것을 보았다. 이런 사람들은 "일은 일이다"라고 말할 것이다. 자신만의 규칙에 따라 일을 해나가겠다는 말이다. 이들은 고상한 사명서를 작성해놓고도 일이라는 명목하에 중대한 범죄를 합리화하기까지 한다.

시간이 흘러도 바뀌지 않는 원칙들을 중요하게 생각하고 여기에 따라 살아야만 도덕적·신체적·사회적·경제적 안녕을 오랫동안 누릴 수 있다.

적용 방법과 제안

◆

- 정말로 중요한 일 대신 괜찮은 일 혹은 편하고 일상적인 일을 하느라 바쁘지 않은가? 괜찮은 일을 하느라 최상의 일을 못 하고 있지는 않은가? 당신의 삶에서 가장 중요한 일들을 일기에 적은 뒤 A, B로 우선순위를 매겨본다. 우선순위 A에 해당하는 일들에 가장 효과적이고 큰 노력을 기울일 수 있도록 계획을 세운다.

- 창의적 상상력은 자신의 미래를 스스로 만들어갈 힘을 준다. 창의적 상상력이 있으면 아주 힘든 상황이 닥쳐도 자기 사명서에 따라 살아가는 우리 자신을 그려볼 수 있다. 자신의 신조를 포기하고 싶은 유혹을 느끼는 상황에는 어떤 것이 있는지 적어본다. 그런 상황에 처했을 때 당신은 어떤 결심을 하는가?

- 성실성을 높이려면 먼저 작은 약속들을 정하고 지키는 일부터 시작한다. 일주일 동안 한 번에 하나씩 매일 실천하고 성공 경험을 일기에 기록한다.

사랑, 돈, 명성보다 진리를 내게 달라.

– 헨리 데이비드 소로

4 올바른 방향 유지하기

시대를 초월한 보편적인 원칙들이 우리 삶을 지배한다는 개념에 동의하는 것과 그 원칙들에 맞춰 실제로 삶의 방향을 바꾸는 것은 별개의 문제다. 우리는 나침반을 보고 북쪽을 향해 가지만, 나침반이 있어도 옆길로 새기 쉽다. 이번 장에서는 올바른 방향을 유지하는 법에 관해 이야기해보겠다.

많은 사람이 적절한 가치, 원칙, 윤리의식을 지니고 올바른 방향으로 나아가고 있다고 진심으로 믿지만 결국 길을 잃거나 적어도 길에서 벗어나 헤매고 있는 자기 자신을 발견하곤 한다(보통 외부의 객관적인 힘에 따라 혹은 위기상황이 닥쳤을 때 이런 사실을 알게 된다).

그렇다면 어떻게 1차적 강점의 원칙들을 계속해서 지킬 수 있을까?

나는 수년간 단순한 보이스카우트 나침반을 이용해 정북향 개념을 설명해왔다. 다양한 지역에서 온 청중에게 강연할 때면 눈을 감고 정북향이 어디인지 가리켜보라고 시킨다. 그런 뒤 눈을 뜨고 주위를 둘러보라고 하면 제각기 다른 방향을 가리킨 것을 보고 다들 웃음을 터뜨린다.

3가지 왜곡

어떻게 하면 올바른 방향을 계속 가리킬 수 있을까? 어떻게 현실 조직의 모든 구성원이 같은 방향을 가리키고 그쪽으로 계속 나아가게 할 수 있을까? 이는 쉽지 않은 일이다. 사람들의 판단에 왜곡이 생기기 때문이다. 이런 왜곡을 불러오는 세 요인을 살펴보자.

건물(문화)

나는 어떤 건물에서든지 밖으로 나가면 나침반 바늘이 조금 움직인다는 것을 알게 되었다. 건물 내부의 환경이 나침반의 방위를 약간 왜곡시켰다는 뜻이다. 마찬가지로 우리 주변의 문화가 우리의 도덕적 감각을 변화시키지만 대부분 이것을 깊이 생각하지 않는다. 그저 우리가 정북을 향해 가고 있다고 가정한다. 하지만 용감하게 자연으로 나가보면 건물의 자기력 때문에 바늘의 방향이 약간 어긋났다는 것을 알게 된다. 우리 행동도 마찬가지다.

우리의 윤리적 문화가 왜곡되면 올바른 경로에서 차츰차츰 벗어날 수 있다.

프로젝터(하위문화)

오버헤드프로젝터에 나침반을 앞면이 아래쪽에 오도록 해서 올려놓으면 이 기계 역시 나침반의 방위를 변화시킨다. 나는 이런 왜곡 현상을 특정 가족, 집단, 팀, 부문 혹은 회사라는 하위문화에 비유하고 싶다. 영향력이 강하거나 설득력 있는 하위집단이 정북에 대해 편향된 정의를 내리게 할 수 있기 때문이다.

자석(강렬한 감정, 강한 성격 혹은 설득력 있는 철학)

작은 자석을 나침반 바로 옆에 놓으면 자신이 원하는 방향을 가리키도록 바늘을 조정할 수 있다. 나침반 바늘이 원을 그리며 뱅그르르 돌게 하거나 앞뒤로도 움직이게 할 수 있다. 내가 이 비유를 사용하는 이유는 중요한 감정적 사건들이 정북 개념을 어떻게 변화시킬 수 있는지, 강한 자아와 극도로 강력한 성격이 정북에 대한 우리의 감각을 어떻게 바꿀 수 있는지, 혹은 그럴싸하게 제시된 설득력 있는 철학이 우리의 인식을 어떻게 왜곡할 수 있는지 보여주기 위해서다.

이 요인 중 어느 하나, 그리고 그 외의 수많은 요인이 정북을 가리키는 나침반 바늘에 자석을 갖다 댄 것과 같은 영향을 미칠 수 있다. 하지만 정북은 딱 한 방향뿐이다.

복합적 요인

이 세 요인(문화, 하위문화, 성격이나 철학)이 결합하면 중대한 왜곡이 일어난다. 당신은 정북 방향으로 나아가고 있다고 생각하는데 실제로는 남쪽으로 가고 있을 수도 있다.

이러한 상황을 현기증, 즉 어질어질한 상태에 비유할 수 있다. 예를 들어 비행기 기장이 방향감각을 잃고 혼란에 빠졌다고 생각해보자. 이런 상황이 되면 운동감각 인지가 떨어지고 자신이 하늘과 땅 사이의 어디쯤에 있는지 감각을 잃어버린다. 그래서 지상에 있다고 생각하고 구름 떼를 대한다. 사실은 자신이 하늘에 떠 있다는 걸 알았을 때는 이미 너무 늦다. 개인과 조직에서 일어나는 많은 추락 사고의 원인이 이러한 윤리적 현기증이다.

표준으로 돌아가기

그렇다면 왜 많은 개인과 조직이 길을 잃을까? 유혹적인 메시지와 요인이 많기 때문이다. 우리를 겨냥한 미디어의 수많은 메시지가 양심을 외면하고 원하는 대로 하라고 부추긴다.

암암리에 행해지는 잘못된 업무 관행을 정당화하려고 지엽적인 규범이나 내부 기준에 의지하면 길을 잃는다. 뛰어난 리더는 겸손을 잃지 않는다. 자만심을 버리고 자신의 권력을 공유한다.

이들이 기업 내외부에 미치는 영향이 늘어나는 건 이 때문이다.

겸손하면 자연법칙과의 조화를 유지할 수 있지만, 자연법칙을 깨뜨리면 반드시 해를 입게 되어 있다. 나는 원칙에 강한 책임감이 있는 사람은 부나 명성을 포함해 성공이나 실패를 다스릴 수 있다고 믿는다. 최고의 조직은 국가의 헌법처럼 자연법칙과 원칙의 지배를 받으며 가장 높은 사람도 원칙을 지켜야 한다. 그 누구도 원칙보다 위에 있지 않다.

원칙을 무시하고 제 마음대로 구는 사람은 본질적으로 정북에서 벗어나게 해 오만과 패배의 길로 이끄는 자석과 같은 존재다.

일반적으로 정치 기술은 선거에서 당선되고 재당선되는 기술을 말한다. 하지만 미국의 한 상원의원은 달랐다. 그는 다음 선거에 출마할지 여부를 가능한 한 마지막 순간까지 미루다가 발표했다. 자신과 직원들이 선거에 대비하느라 배의 돛을 조절하길 원하지 않았기 때문이다. 그는 직원들이 지금까지 해오던 대로 끝까지 일하길 바랐다. 그리고 어떤 활동을 하면 재당선 가능성이 높아질지 염두에 두지 않고 유권자에게 성실하게 봉사하겠다고 결심했다.

오늘 사무실에 가거나 밤에 가족에게 돌아갔을 때 이런 질문을 던져보기 바란다. "우리의 목적이나 임무가 무엇이며, 이를 이루기 위한 주된 전략은 무엇인가?" 놀랍게도 여러 다른 대답이 나올 것이다. 이렇게 서로의 생각이 다르다는 점을 알게 되면, 원칙에 기반을 둔 동일한 비전을 따르지 않고 동일한 가치체계로 결

원칙에 기반을 둔 동일한 비전을 따르지 않고 동일한 가치체계로 결합되지 않으면 다른 모든 것이 엉망이 된다.

합되지 않으면 다른 모든 게 엉망이 된다는 것을 깨달을 수 있다. 원칙에 입각한 조직문화가 아니라 정치적 문화가 지배하고 원칙을 중시하지 않는 정치적인 사람들이 모이게 될 것이다.

서로 신뢰하고 자유로우며 정보를 개방하는 분위기의 가족이나 팀이 되면 공동의 기본적 가치체계가 형성될 것이다. 이 가치체계는 원칙들에 기반을 두며 모든 사람의 머릿속에 깊이 새겨질 것이다.

당신 회사에서도 이런 시도를 해보기 바란다. 그러면 회사 직원들이 동일한 가치체계를 보유하게 된다. 물론 사람들 사이의 차이는 분명히 나타날 것이다. 하지만 서로 존중하고 시너지 효과를 얻으려고 노력한다면 서로 간의 차이를 극복할 수 있으며 그러한 차이점이 강점으로 여겨지기 시작할 것이다.

적용 방법과 제안

◆

- 우리는 가장 중요한 우선순위에서 벗어나게 하는 갖가지 방해 요소와 왜곡에 둘러싸여 있다. 다음 질문에 대한 답을 일기에 적어보라. 당신의 삶에서 왜곡을 일으키는 요인이 무엇인가? 당신을 잡아당기는 이런 힘을 어떻게 극복하고 정북 방향으로 되돌아갈 수 있을까?

- 삶이나 일에서 당신이 어기고 있는 원칙이나 자연법칙이 무엇인지 생각하고 어떻게 이런 상황을 호전시킬 수 있을지 적어본다.

- 당신이 더욱 효과적으로 이용할 수 있는 원칙이나 자연법칙은 무엇인가? 이 원칙들을 어떻게 활용할지 적어본다.

- 오늘 사무실에 가거나 밤에 가족에게 돌아갔을 때 이런 질문을 던져보기 바란다. "우리의 목적이나 임무가 무엇인가? 그리고 이를 이루기 위한 주된 전략은 무엇인가?" 사람들의 대답을 기록하고, 임무와 전략을 실현하기 위해 다음 며칠 동안 할 수 있는 일이 무엇일지 단기계획을 세운다.

삶의 한 분야에서 그릇된 일을 하는 사람이 다른 분야에서
옳은 일을 할 수는 없다. 삶은 분리될 수 없는 전체이기 때문이다.
- 간디

5 사고를 다시 프로그래밍하라

세상에 대한 우리의 믿음이 우리 행동을 결정한다. 그 믿음은 원칙 중심으로 살지 못하게 당신을 가두는 정신적 감옥 역할을 할 수 있다. 2차적 강점이 1차적 강점보다 낫다고 믿으면 1차 적 강점을 성취할 가망이 없다. 이번 장에서는 사람들을 구속해서 변화를 막는 믿음 체계라는 감옥과 그 탈옥 방법을 다룰 것이다.

최근에 나는 하와이의 한 호텔 창가에서 기막히게 아름다운 일출을 바라보면서 데일 카네기의 이행시를 떠올렸다.

두 남자가 감옥 창살 너머로 밖을 바라보았다.
한 사람은 진흙탕을, 다른 한 사람은 빛나는 별을 보았다.

현재 상황에서 우리가 무엇을 보는지는 각자의 관점에 많은 영향을 받을 것이다. 아래를 보면 진흙탕과 감옥의 창살밖에 보이지 않지만 고개를 들어 위를 보면 햇빛과 달빛, 별빛이 눈에 들어온다.

나는 자신의 역할과 인간관계에 갇혀 있다고 느껴 직장과 가정 모두에서 균형을 잃고 조화로운 생활을 하지 못하는 사람을 많이 알고 있다. 이들을 가두는 창살이 실제로 존재하는 경우는 드물다. 아예 없는 것은 아니지만 별을 보지 못하게 막는 장벽이나 제약은 매우 드물다.

4가지 근본 원인

그렇다면 무엇이 문제일까? 무엇이 우리를 창살 뒤에 가두고 별 대신 진흙탕을 보게 하는 것일까? 이 문제에는 4가지 근본적인 원인이 있다.

첫 번째 원인: 감정적 감옥

다른 사람에게 실망하거나 의견이 맞지 않을 때 종종 우리는 딱지가 붙여져 그 사람의 정신적 감옥에 갇힌다. 우리는 상대의 민감한 선을 넘어 상처를 주거나 모욕하거나 기분을 상하게 할 수 있다. 당시에는 그 사람이 그런 취급을 받을 만하다고 생각해서 자신의 행동이 정당하다고 느낄 수 있다. 하지만 상대방의 입장은 다르다. 상대는 마음이 상해 당신과의 사이에 벽을 쌓고 딱지가 더덕더덕 붙은 감방에 당신을 가둔다. 이 딱지들은 자기충족적 예언이 되기 쉽다. '그 사람은 나를 미워해. 좀처럼 믿을 수 없는 사람이야. 생각이 편향된 사람이야. 공정하지 않아'라고 생각하면 정말로 그 사람이 그런 사람이 되는 경향이 있다. 사람들은 우리가 그들을 대하는 대로 혹은 우리가 생각하는 모습대로 되기 쉽다. 그리고 다른 사람들이 당신을 저런 사람이라고 믿으면 그에 맞춰 당신을 대할 것이다.

나는 화가 나서 민감한 선을 넘을 때마다 상처를 입힌다. 그러고는 자존심 때문에 한동안 사과하지 않는다. 상대 역시 마음이 상해서 우리 관계에는 긴장이 감돈다. 내가 그저 관계를 개선하려고만 할 뿐 잘못을 인정하고 용서를 구하지 않으면 상대는 여전히 의심의 눈길을 보낼 것이다. 그는 마음이 상하고 상처를 받았기 때문에 경계태세를 취한다. 방어적으로 되어 내 새로운 행동을 의심한다. 나는 그 사람이 지은 감옥의 창살과 벽 뒤에 갇혀있어서 어떤 일을 해도 그의 마음을 돌리지 못할 것이다. 이 창살과 벽은 그 사람이 내게 붙인 정신적·감정적 딱지다.

우리는 퇴근 뒤에 이른바 진짜 삶이 시작될 것이라는 기대에 젖어 차로 달려가는 사람들의 모습을 본다. 이들은 직장에서 심한 관리와 통제를 받았기 때문에 숨 막힐 듯한 환경에서 벗어나 자신에게 의미 있는 무언가를 하길 원한다.

해결책: 감옥에서 벗어나기 위해 대가를 치른다

내가 느꼈던 기분을 인정하고 용서를 구해야만 감옥에서 나올 수 있다.

두 번째 원인: 트집 잡는 병

사람들은 타인의 흠을 발견하고 티끌만 한 결점은 잘도 찾으면서 정작 자신의 중대한 결점은 무시하는 경향이 있다. 다른 사람의 결점에 초점을 맞추면 자기 삶의 결점을 합리화하고 정당화하기 쉽다. 그러면 다른 사람을 바로잡으려 애써 봤자 효과가 없다. 우리 생각이 옳을 수도 있지만 접근 방식이 틀렸다. 우리는 상대를 바로잡는다는 명목으로 상처를 주고 밀어내고 기분을 망치고 위협한다. 제 눈의 들보 때문에 자기 결점은 잘 보지 못한다. 사실은 당신의 판단이 완전히 틀렸을 수도 있다. 자신의 결점을 상대의 결점으로 돌리고 탓하는 것일 수 있다. 관찰을 자기 성찰이라고 착각하는 것일 수도 있다. 우리의 동기가 이기적이라면 그 동기가 우리 삶의 모든 측면에서 수많은 부정적인 방식으로 나타날 것이다.

해결책: 먼저 자기 자신을 개선하려고 노력한다

상황을 개선하기 위해 취할 수 있는 첫 번째 단계는 자신의 결점을 고치려 노력하는 것이다. 자신의 결점을 고치면 다른 사람들을 도울 준비가 갖추어질 것이다. 그러면 당신은 심판관이 아닌 등대가 된다. 데니스 재피Dennis Jaffe는 자신의 저서 《당신이 선택한 일을 사랑하라Take This Job and Love It》에서 책임감을 가지고 피해의식에서 벗어나라고 조언한다. 문제를 직시하는 법을 배우고, 그 일을 떠나든가 아니면 필요한 변화를 실천하고 일을 사랑하라고 말한다.

> 딱지들은 자기충족적 예언이 되기 쉽다. 사람들은 우리가 그들을 대하는 대로 혹은 우리가 생각하는 모습대로 되기 쉽다.

세 번째 원인: 부족의 심리 각본

부족의 심리를 가진 사람은 세상에는 사람들에게 돌아갈 파이의 양이 딱 정해져 있다고 생각한다. 그래서 누군가가 파이 한 조각을 가져가면 나에게 돌아올 조각이 하나 줄어든다는 것이다. 이런 사고는 승-패적 사고로 이어진다. 당신이 승리하면 나는 패한다. 그리고 나는 이를 용납할 수 없다.

이러한 부족의 심리는 몇 가지 원인에서 나온다. 집에서 조건부 사랑을 받은 사람은 착하게 굴어서 사랑을 얻으려고 애쓰지만, 자아존중감이 낮아진다. 학교와 직장에서 비교를 당하는 사람은 비교가 바탕이 된 정체성이 발달한다. 가족, 학교, 직장, 운동, 사회생활에서의 경쟁은 이러한 결핍 심리를 강화한다. 우리는 다음 4가지 방식으로 부족의 심리에 시달린다.

• 개인적으로는 부족 심리의 각본이 삶의 각본이 되고 부족의 심리가 우리 삶에 깊이 뿌리박힌다. 스스로는 인식하지 못해도 우리는 이 렌즈를 통해 삶을 바라보고, 이런 시선은 우리가 보는 모든 것에 영향을 미친다.

• 사람과 사람 사이에서는 이러한 부족의 심리 패러다임이 결혼생활과 직장에서의 모든 인간관계에 나타난다. 부족의 심리는 결정적 순간이 닥쳤을 때 고객, 공급업자, 그 외의 모든 사람을 대하는 데 승-패적 사고를 하도록 우리를 몰아간다.

• 리더일 경우 자신의 권력을 공유하지 않으려 한다. 같은 방을 쓰는 동료에게 열쇠를 주고 싶어 하지 않는다. 다른 사람에게 힘을 실어주기 시작하면 자신의 힘이 줄어들 것이라고 느끼기 때문이다.

이런 생각은 자성(자기달성적) 예언이다. 비교를 바탕으로 정체성을 발달시킨 사람은 항상 자신에게 결핍이 있다고 생각할 것이다. 그런 사람이 이익이나 소득을 타인과 공유하려고 할까? 다른 사람과 공을 나눠 갖고 싶어 할까? 정보를 함께 알고 싶어 할까? 그렇지 않을 것이다. 정보, 지위, 인정, 이익은 권력이기 때문이다.

• 조직적으로 보면 부족의 심리는 승-패 체계로 나타난다. 우리가 시스템 설계자라면 자신이 세상을 보는 관점에 따라 구조와 시스템을 설계할 것이다. 사원들의 사기진작 행사를 열었는데 대부분 사람이 패하도록 시스템이 조작되면 다들 냉소적인 반응을

보이고 누구도 그 결과에 동의하지 않을 것이다.

해결책: 승—승, 풍요의 각본

풍요의 심리를 가진 사람이 세상을 보는 시각은 다르다. 이들은 사람들에게 돌아갈 충분한 파이가 있고 항상 파이를 더 만들 수 있다고 믿는다. 이런 심리는 승-승적 사고로 이어진다. 승-패적 인간은 승-승 체계를 승-패로 바꿔놓는다. 풍요의 심리와 승-승적 사고를 가진 사람만 부족 심리의 악순환과 승-패적 사고를 깰 수 있다. 풍요의 심리를 발달시키면 승-승적 사고를 하게 될 것이다. 자기 존중과 타인에 대한 존중감이 커지고 타인을 향해 연민과 다정함을 보일 것이다. 여기에는 조직 행동 같은 것은 없으며 개인 행동만 있다.

> 풍요의 심리를 발달시키면 승-승적 사고를 하게 될 것이다. 자기 존중과 타인에 대한 존중감이 커지고 타인을 향해 연민과 다정함을 보일 것이다.

대부분 사람과 마찬가지로 나는 부족의 심리에서 벗어나 풍요의 심리를 가지려고 노력해야 했다. 내게 도움이 되었던 방법은 훌륭한 사명 하나를 정하고 누가 옳은지가 아니라 무엇이 옳은지를 더 중요하게 생각하는 것이었다. 사람들은 부족의 심리에서 풍요의 심리로 변할 수 있고 변하고 있다. 간디는 소심함, 부족 심리, 두려움, 불신에 깊이 빠져 있었다. 사람들에게 위협을 받았고 사람들 옆에 가기를 꺼렸다. 하지만 자신의 삶의 목적에 대한 비전을 세우자 그런 감정을 이기고 사람들을 이끌 수 있었다.

네 번째 원인: 역할의 불균형

우리는 수많은 역할을 맡고 있고 그것들은 모두 힘든 역할인데 왜 삶의 균형까지 맞추려 노력해야 할까? 이는 균형의 원칙에 따라 살지 않으면 추락하기 때문이다.

대부분 사람은 균형을 잃어도 그럭저럭 살아갈 수 있다고 믿는다. 하지만 그것은 거짓된 삶을 사는 것이다. 그런 불균형은 수많은 형태로 나타난다. 나는 "삶의 한 분야에서 그릇된 일을 하는 사람이 다른 분야에서 옳은 일을 할 수는 없다. 삶은 분리될 수 없는 전체이기 때문이다"라는 간디의 말에 동의한다. 하루에 열여덟 시간 일하고 가족에게는 무심하면서 행복한 가정생활을 기대할 수는 없다. 소셜미디어에 아까운 시간을 낭비하면 건강과 생산성에 피해가 가기 마련이다. 미안하지만 현실은 당신이 기대하는 대로 흘러가지 않는다.

우리는 균형을 깨뜨릴 수 있는 수많은 요인에 시달린다. 특히 목적의식이 없으면 더욱 힘들다. 우리는 자신에게 보이는 세계를 추구한다. 중요한 건 진흙탕과 별 중에서 우리가 무엇을 보는가이다.

첫 번째 해결책: 균형이 맞지 않는 시기가 있다는 것을 인정하되 장기적인 시선으로 바라본다

우리는 모두 인생의 여러 다른 단계를 거친다. 그러면서 특정 시기에는 다른 때보다 좀 더 균형 잡힌 삶을 살기를 바랄 수 있지만, 정말 중요한 것은 장기적인 균형이다. 한 주, 한 달 혹은 한 해라는 관점에서 볼 때 오늘은 불균형이 자연스럽고 필요할 수도 있다. 예를 들어 상위 학위를 따려면 몇 년간 집중해서 공부할 시간이 필요하다. 직장에서 한 프로젝트를 맡을 경우 한동안은 그 일에 집중적으로 매달려야 할 수도 있다. 하지만 삶 전체를 일이나 공부 같은 하나의 역할에만 투자한다면 결국 가족, 우정, 건강 등 다른 부분은 모두 실패를 맞을 것이다. 그래도 헌신과 집중이 필요한 시기에는 죄책감을 품지 말고 장기적인 시각으로 바라보기 바란다.

두 번째 해결책: 가장 의미 있는 일에 사람들을 끌어들인다

정말 의미 있는 프로젝트에 푹 빠져서 다른 사람과 일을 방치하는 이들이 있다. 가족은 뒷전이 되고 사회생활도, 여가생활도 하지 않는다. 심지어 밥 먹는 시간도 아끼고 잠깐 즐길 시간도 내지 않는다. 그리고 얼마 동안은 이렇게 살아야 할 것처럼 보일 수도 있다. 하지만 가족과 친구들을 중요한 프로젝트에 참여시키면 이들이 방치되었다는 기분을 덜 느낄 것이다. 심지어 기운을 얻거나 행복할 수도 있다. 가족을 일에 참여시켜라. 일의 비전을 알려주고 사명을 함께 느껴보라. 나도 그렇게 하려고 노력한다. 나는 가족을 일터에 데려가거나 그 외의 방법으로 일에 의미 있게 참여시키려고 한다.

세 번째 해결책: 원하는 최종 결과를 공유한다

함께 여행길에 오른 사람들의 머릿속에 저마다 다른 목적지가 있다면 어떻게 되겠는가? 이런 일은 사람들에게 목적지를 숨기거나 불완전한 정보를 주었을 때 일어난다. 사람들이 불명확한 비전에 근거해 판단하고 행동하도록 해서는 안 된다. 도전적이고 의미 있는 프로젝트나 목표, 목적이 사람들 사이에 공유되면 사소한 걱정거리는 모두 씻어낼 수 있다. 중요한 목적을 공유한 사람들은 자신을 내세우지 않고 한마음, 한뜻이 되고 하나의 목소리를 낼 것이다. 함께 힘을 모아 그 일을 해내야 하기 때문이다.

네 번째 해결책: 당신을 도와줄 팀을 만든다

리더십을 더 많이 발휘하고 지나친 관리는 중단하라. 대부분 기업과 가정은 관리는 지나치게 하면서 믿고 따라갈 리더십은 부족한 상태다. 물론 그 반대 경우도 존재할 수 있다. 당신은 지나치게 지배적이면서 관리는 소홀히 할지도 모른다. 관리와 리더십이 둘 다 필요하다. 예전에 나는 리더십 쪽에 치중하고 관리를 하지 않아 많은 적자를 낸 적이 있었다. 그래서 우리는 재무관리 전문가들로 구성된 보완 팀을 꾸려야 했다. 이 팀 덕분에 곧 나는 잘하는 일은 더 생산적으로 하면서 약점을 보완할 수 있었다. 우리 대부분은 자신과 똑같은 복제인간이 있으면 좋겠다고 생각한다. 하지만 우리에게 정말 필요한 것은 자신과는 다른 사람들, 자신의 강점은 강화해주고 약점은 보완해주는 이들이다.

다섯 번째 해결책: 가장 소중한 사람들과 대의를 위한 시간을 확보한다

모든 리더는 균형이라는 문제와 싸운다. 이들의 시간을 요구하는 일이 너무 많다. 나는 많은 연설과 행사 때문에 창의적인 일을 하기가 힘들었다. 그래서 집을 사냥금지구역이나 삼림보호구역 같은 보호구로 삼았다. 집에서 나는 창의적인 일을 하거나 가족과 방해받지 않는 시간을 보낼 수 있다. 나는 중요한 가치들에 따른 장기적인 계획을 세워 이 시간을 확보한다. 일부 가족 활동은 2년 전에 미리 일정을 잡아놓고 어기지 않으려고 노력한다. 마치 그 시간 주변에 울타리를 치는 것처럼 그 시간을 보호하려고 애쓴다.

마지막 해결책: 어떤 사람이 당신에게 소중한 만큼 그 사람이 중요하게 생각하는 일을 당신에게도 중요한 일로 만든다

나는 집에 있을 때는 아내와 가족에게 충실하려고 노력한다. 가족에게 중요한 일들을 적어보라고 하고, 함께 시간을 보내면서 그들이 하고 싶은 일을 한다. 예를 들어 나는 골프에 별로 관심이 없지만 아들은 골프를 좋아한다. 아들이 내게 소중한 사람이기 때문에 나는 골프를 치러 간다.

아이들이 자라면서 때로는 내가 할 수 있는 최선이 그저 그 자리에 있는 것임을 알게 되었다. 다른 의도 없이 아이들을 위해 함께 있어줄 필요가 있었다. 그러면 잠시 후 아이들은 하고 싶은 이야기를 하기 시작할 것이다. 하지만 단지 몸만 함께 있는 게 아니라 마음도 함께한다는 것을 보여주어야 한다. 당신이 귀와 마음을 열고 아무 말도 하지 않은 채 함께 있어주면 아이들도 마음을 터놓을 것이다.

적용 방법과 제안

◆

- 다음 질문들에 대한 답을 일기에 적어본다. 갇혀 있다는 느낌을 받은 적이 있는가? 당신을 창살 뒤에 가두고 별 대신 진흙탕을 보게 하는 요인은 무엇인가? 자신이 정체되어 있거나 앞으로 나아갈 수 없다는 느낌을 불러오는 요인은 무엇인가?

- 당신에게 부적절한 딱지가 붙은 적이 있는가? 그 딱지가 당신의 행동을 어떻게 지배하는가? 일에서나 개인 생활에서 누군가에게 잘못된 딱지를 붙인 적이 있는가? 그 딱지들을 바로잡기 위해 오늘 당장 아주 작은 노력이라도 시작해보자.

- 다음 질문들에 대한 답을 써보자. 당신은 풍요의 사고를 하는 사람인가? 진심으로 타인과 이익을 나누고 싶은가? 다른 사람과 공을 나누고 싶은가? 다른 사람과 정보를 공유하고 싶은가? 당신은 어떤 면에서 결핍의 사고를 하는가? 다른 사람과 정보, 공, 인정을 나눌 기회를 모색하겠다고 결심하고 실천해보라. 그랬을 때 어떤 기분이 드는가?

- 리더십을 더 많이 발휘하고 지나친 관리는 중단한다. 대부분 기업과 가정은 관리는 지나치게 하면서 믿고 따라갈 리더십은 부족한 상태다. 관리자가 아니라 리더가 되기 위해 오늘 당장 할 수 있는 일은 무엇인가?

PRIMARY
GREATNESS

INTEGRITY
CONTRIBUTION
PRIORITY
SACRIFICE
SERVICE
RESPONSIBILITY
LOYALTY
RECIPROCITY
DIVERSITY
LEARNING
RENEWAL
TEACHING

2

성공을 돕는
12가지 지렛대

만약 당신이 무언가를 주장하지 않는다면
아무것에나 넘어가게 될 것이다.
– 고든 에디

6 　　　　첫 번째 지렛대 성실성

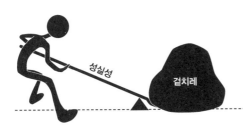

PRIMARY GREATNESS

　완벽한 성실성은 1차적 강점을 얻기 위한 첫 번째 지렛대다. 성실성을 잃어버린 사람은 실제의 자신과 다른 존재처럼 보이는 세계에서 살고 일한다. 거짓된 삶을 살면 양심에 가책을 받고 자신에게 의지하는 사람들에게 무거운 짐을 지운다. 완벽한 성실성은 당신의 삶에서 그런 부담을 덜어준다. 1차적 강점을 지닌 사람의 성품에는 완벽한 성실성이 깊이 새겨져 있다. 이번 장에서는 완벽한 성실성이라는 원칙을 추구하며 사는 법을 이야기하겠다.

　내가 보기엔 윤리에 대한 여러 이야기가 종종 우리를 잘못된 길로 이끄는 듯하다. 많은 사람이 윤리를 법적 문제와 혼동하거나 통합적이고 유기적인 방식이 아니라 단편적인 방식으로 윤리에 접근한다. 반면 성실성에 대해 유기적인 방식으로 접근하면 우리는 자연히 만사를 윤리라는 렌즈를 통해 보게 된다. 그리하여 각각의 문제가 서로 다른 프레임이나 구획으로 나뉘는 게 아니라 모두 통합된다.

1차적 강점에서는 실제의 모습이 중요하지만 2차적 강점에서는 겉보기만 중요하게 여긴다.

윌리엄 셰익스피어가 쓴 비극의 주인공 햄릿은 성실성의 문제와 씨름하다가 "인간이란 얼마나 걸작품인지! 이성은 어찌나 고귀하고 그 능력은 또 어찌나 무한한지! 외모나 거동은 또 얼마나 감탄할 만한지! 행동은 어찌나 천사 같고 이해력은 어찌나 신과 같은지!"라고 말한다. 연극 연습을 하는 배우들에게는 "동작은 대사에, 대사는 동작에 맞추시오"라고 조언한다. '평생 먹고 자는 것밖에 하는 게 없다면 인간이란 대체 뭐란 말인가? 그러면 짐승과 다를 게 뭐가 있겠는가? 우리에게 대단한 이성과 앞뒤를 분별할 줄 아는 능력을 부여하신 분이 그러한 능력과 신과 비슷한 이성을 써먹지 않아 곰팡이가 슬게 만들라고 주신 것은 아니다'라고 생각하기도 한다. 또한 어머니인 왕비가 "왜 너만 죽음에 대해 유별나게 구는 것처럼 보이느냐?"라고 묻자 "그렇게 보이다뇨! 겉으로만 그렇게 보이는 게 아니라 실제로 그렇습니다. 저는 '겉으로 그렇게 보이는 건' 모릅니다"라고 대꾸한다.

성실성을 잃어버린 사람이 아는 것은 겉으로 보이는 모습뿐이다. 이들은 실제의 자신과 다른 존재처럼 보이는 세계에서 살고 일한다. 자신이 정말로 어떤 사람인지보다 다른 사람들이 자신을 어떻게 볼지를 더 걱정한다. 이들은 몰래 하는 행동을 감추거나 이미지를 유지하기 위해 가면을 쓴 배우들이다.

노스캐롤라이나주에서 일할 때 나는 '에세 쿠암 비데리Esse quam videri'라는 라틴어가 쓰인 티셔츠를 받은 적이 있다. 노스캐롤라이나주의 모토인 이 문구는 '겉보기보다는 실질'이라는 뜻이다. 이 문구가 1차적 강점을 추구하는 모든 사람의 모토가 되어야 한다. 그러나 유감스럽게도 '겉보기'가 실체의 자리를 차지하는 경우가 너무 흔하다. 그러면 '실제의 모습'대로가 아니라 '그런 척 하면서' 살게 된다.

성실성의 2가지 기본적 특징

그렇다면 어떻게 성실해질 수 있을까? 나는 성실성이 성품의 2가지 기본적 특성인 겸손과 용기에서 나온다고 생각한다.

겸손은 시간이 지나도 결국 원칙이 세상을 지배한다는 사실을 알고 있다는 뜻이다. 겸손한 사람은 "나한테 통제권이 있어요"라거나 "내 운명은 내가 책임집니다"라고 말하지 않는다. 최근 몇십 년간 쏟아진 성공 지침서들에서 흔히 볼 수 있는 이런 생각은 사회적 가치체계의 산물이다. 그리고 우리의 사회적 가치는 굳건한 원칙이 아니라 이리저리 바뀌는 모래사장 같은 자아나 의견 위에 세워진 것일 수 있다.

한번은 세계적 통신 회사의 사장이 내게 자사의 '가치 선언서'

를 보여준 적이 있다. 선언서에는 "우리는 개인의 가치를 높이고 우리 공동체를 강하게 만드는 모든 훌륭한 가치를 실현하는 데 전념한다"라고 적혀 있었다. 내가 그 회사의 1차적 강점이 뭔지 물어보자 그는 성실성, 탁월성, 봉사, 수익성, 세심함, 진실성, 고차원적인 윤리적·도덕적 기준을 언급했다.

나는 "이 기업 가치들에는 분명 문제가 없습니다. 불변의 원칙과 일치하는 가치들이니까요. 하지만 무엇보다 중요한 건 이 가치들을 회사의 일상 업무와 어떻게 통합시키는가입니다"라고 지적했다. 사실 내가 말하고 싶었던 것은 모든 직원이 이미 알고 있는 내용이었다. **법적·윤리적·도덕적 기준을 지키자는 문구가 담긴 포스터를 사무실에 붙여놓는다고 그 가치를 중시하는 건 아니다. 가치는 모든 사람의 태도와 행동으로 실현되어야 한다.**

이 겸손한 리더는 말한 것을 실천하는 게 중요하고 그 말(기업의 가치체계)은 원칙들을 바탕으로 해야 한다는 점을 잘 이해했다. 그는 우리가 아니라 자연법칙과 원칙들이 지배한다는 것, 그리고 모든 가치는 실체를 중시하는 정신에서 나오므로 어떤 의미에서는 겸손한 태도가 모든 가치의 어머니라는 것을 깨달았다.

한편 모든 가치의 아버지는 용기다. 시험의 순간이 닥쳤을 때 우리가 그 미덕을 지키는지는 용기에 달려 있기 때문이다. 결국 모든 가치는 시험을 받는다. 문제는 우리가 자신의 가치, 삶, 습관을 그 원칙들과 일치시키는지 아닌지다. 다시 한번 말하지만 "실제인가, 아닌가"가 중요하다. 겉보기는 중요하지 않다.

우리가 정말로 원칙에 따라 살 수 있을까? 우리는 겸손할지도 모른다. 하지만 용기가 있을까? 우리가 강력한 사회적 가치나 개인적 성향을 거슬러 상류로 헤엄칠 수 있을까? 평생 먹고 자는 것 말고 하는 게 있을까? 아니면 우리의 '무한한 능력, 감탄할 만한 외모, 신과 비슷한 이성'을 잘 활용할까? 우리의 가장 중요한 신념에 따라 행동할 용기가 없다면 이렇게 하지 못할 것이다. 실제로 원칙을 바탕으로 세운 계획은 최근에 주목

성실성을 잃어버린 사람이 아니는 것은 겉으로 보이는 모습뿐이다. 이들은 실제의 자신과 다른 존재처럼 보이는 세계에서 살고 일한다. 자신이 정말로 어떤 사람인지보다 다른 사람들이 자신을 어떻게 볼지를 더 걱정한다. 이들은 몰래 하는 행동을 감추거나 이미지를 유지하기 위해 가면을 쓴 배우들이다.

받는 사회적 가치들에 밀려 나동그라질 것이다.

겸손과 용기를 모두 갖춘 사람은 자연스럽게 진실해진다. 진실하다는 것은 당신의 삶이 원칙을 중심으로 통합되고 외부가 아니라 내면에서 마음의 안정을 얻는다는 뜻이다. 또한 내 친구가 말한 것처럼, "모든 관계에서 최고 수준의 정직성과 신뢰성"을 유지한다는 뜻이다.

겸손하지 않으면, 혹은 겸손하더라도 자신의 확신에 따라 행동할 용기가 부족하면 진실해지기 어렵다. 그러면 진실한 사람이 아니라 겉과 속이 다른 사람이 되고 말 것이다. 아니면 내적 성품이 중심이 된 윤리가 아니라 외적 성격을 중시하는 윤리 의식을

가지게 될 것이다. 나는 전자를 성품윤리character ethic, 후자를 성격윤리personality ethic라고 부른다. 성실성이 없으면 진짜 성품을 윤리적 기준으로 삼지 않고 겉으로 보이는 성격을 꾸며낼 것이다. 이것은 위조다. 가짜 성실성은 외부에서 마음의 안정을 구한다는 의미다. 자신이 다른 사람들에게 받아들여지고 타인과의 비교와 경쟁에서 유리한 처지에 있어야만 안심이 된다.

나는 《성공하는 사람들의 7가지 습관》의 끝부분에서 사실 나 자신도 독자들에게 했던 많은 말을 지키기 위해 힘들게 노력하고 있다고 고백했다. 하지만 이 힘든 싸움은 내 인생에 의미를 부여하고 내가 사랑과 봉사를 하며 다시 노력할 수 있도록 해주기 때문에 가치 있고 보람 있다고 말했다. 내 앞에는 성실하게 살아야 한다는 과제가 항상 놓여 있다.

나는 평생 이 문제를 놓고 자신과 대화를 해왔다. 나 자신이 늘 지키지 못하는 무언가를 남에게 가르칠 권리가 있는지 의문이 들었기 때문이다. 그 과정에서 나는 심리학자 칼 로저스Carl Rogers 의 말에서 중요한 진실을 발견했다. "가장 개인적인 것은 가장 보편적인 것이다." 대부분 사람이 나와 똑같은 내면의 대화를 한다.

또한 나는 자신과의 비밀스러운 대화를 시작하면서 이 숨겨진 자아가 바로 통찰력을 얻는 싸움터임을 발견했다. 당신이 정말로 어떤 사람인가 하는 내적 진실에 가까이 갈수록 더 큰 통찰력이 생기고, 그러면 아이러니하게도 다른 모든 사람이 당신의 통찰력을 언급하게 된다.

이러한 교훈은 경제위기에서도 알 수 있다. 기세등등하던 기업들이 최근 잇달아 콧대가 꺾였다. 늘 성실하다고는 할 수 없는 관행을 일삼던 금융업계가 비틀거렸고, 자신들이 무슨 일을 하고 있는지 인식하지 못하고 겸손하지 않던 많은 대기업이 거꾸러졌다. 어떤 기업들은 깊은 자기분석 과정을 밟기도 했다.

우리 중 많은 이가 겸손해지라고 강요받는다. 하지만 스스로 겸손해지는 편이 더 낫다. 내적으로 안정되고 진실한 마음을 가질수록 상황이나 강요가 아닌 자신의 양심에 따라 겸손해질 것이다.

자신을 스스로 검토하고 자기 인식을 하지 않으면 항상 나 자신의 동기를 외부 세계에 투사할 것이다. 그러면 시야가 제한되어 있는데도 세상 전체를 보고 있다고 생각하고 관찰을 자기 성찰로 착각한다. 이러한 투사와 관찰의 상태에 계속 머물면 자신과 타인, 세계를 이해하지 못한다. 자신을 올바로 인식하려면 정직한 자기 성찰이라는 대가를 치러야 한다.

한 사람에게 깃든 세 개의 자아

우리는 세 개의 자아로 이루어져 있다. 공적 자아(공적인 이미지와 페르소나˙), 사적 자아(가족, 가까운 친구들과 스스럼없이 지내는 사적인 세계

˙ 세상에 대처하기 위해 개인이 쓰는 사회적 가면 또는 사회적 얼굴을 말한다.

에서 우리가 하는 일) 그리고 우리 내면 깊은 곳에 있는 비밀의 자아 (우리 삶의 각본, 즉 우리의 유전부호, 환경, 사회적 조건에 근거한 동기, 성향, 습관을 검토할 수 있는 내면의 자아)가 그것이다. 성실성은 이 비밀의 자아에서 생기거나 사라진다.

사람들은 대부분 공적 자아에 근거해 외부에서 내면으로 들어가는 접근 방식으로 영향력을 행사하려고 한다. 하지만 유능한 사람은 비밀의 자아에 근거해 내면에서 외부로 향하는 접근 방식으로 영향력을 발휘한다. 마음을 진실하게 보여주면 사람들은 당신의 진심을 신뢰할 것이다.

자기 자신을 더 잘 이해하고 사적 자아와 비밀의 자아에 가해지는 영향력에 열린 마음을 가지면, 다른 사람들에게 영향력을 더 많이 발휘할 수 있다. 사람들은 당신이 영향력과 피드백을 잘 받아들임을 느끼고 자신을 더 많이 보여줄 것이다. 당신이 타인에게 많은 영향력을 발휘할 수 있는 가장 큰 이유는 자기 자신을 잘 알고 있기 때문이다.

위대한 인물들은 우리에게 "너 자신을 알라", "너 자신을 다스려라", "너 자신을 바쳐라"라고 가르쳤다. 나는 이 순서대로 할 때 효과가 있다고 강조한다.

예를 들어 당신이 내게 피해를 주는 말과 행동을 하고 다닌다는 소문을 들었다고 하자. 이런 일이 일어났을 때 나는 먼저 자기 인식 과정을 거쳐 스스로에게 이렇게 말할 수 있다. "자, 이 소식에 흥분해서 과잉 반응을 하기 전에 명심해. 스티븐, 넌 사람들이 네게 적대적이라고 생각하는 피해망상 성향이 있어. 사람들이 하는 말을 그런 피해망상적인 시각으로 해석하지 마. 그 대신 그들에게 가서 어찌 된 일인지 더 자세히 알아봐."

그러면 어떤 일이 일어날까? 자신의 피해망상 성향을 염두에 두고 상황을 좀 더 자세히 파악하면 종종 내가 쓸데없이 겁을 냈다는 것을 깨닫는다. 내가 성실성을 갖춘 사람이라면 당신에게 가서 이렇게 말할 수 있다. "나는 몹시 화가 났어. 하지만 이 문제에 감정적으로 과잉 반응하지 않고 책임감 있게 대처하려 애쓰고 있어." 나는 자신에 대한 책임을 지고 있고 자기 인식을 활용하고 있다. 소문만 믿고 당신을 공격하지 않는다. 이렇게 당신과 소통하면 나는 당신이 내게 영향력을 미치게 할 수 있다.

우리는 내면적 일체성이 교란되었을 때 부인이나 주지화intellec-tualization,* 합리화 혹은 투사 등의 다양한 심리적 방어기제를 사용한다고 전설적인 심리학자 칼 로저스는 말했다. 투사란 나 자신의 동기를 타인에게 전가하는 것이다. 우리는 타인은 그 사람의 행동으로, 본인은 자신의 의도로 평가한다.

예전에 나는 메인주 베델에서 열린 한 실험에 참여한 적이 있다. 삶에서 결정적 순간이 닥쳤을 때, 우리가 자신을 보호하려고 어떤 방어기제를 사용하는 경향이 있는지 알아보기 위한 심리적

• 불안과 긴장을 억누르고 둔화시키기 위해 지적 활동에 의존하는 방어기제.

불협화음 연구였다. 연구원들은 방어기제 중 주지화, 합리화, 부인, 투사를 사용한 사람들을 구분하여 묶고 각 그룹에 과제를 내주었다.

내가 사용한 방어기제는 주지화였다. 그러니 내가 속한 팀에 어떤 사람들이 모였는지는 익히 짐작이 갈 것이다. 우리는 안전성을 염두에 두고 직업을 선택한 한 무리의 학자로, 자신의 머릿속과 이론적 추상화 속으로 도피할 수 있는 사람들이었다. 우리 팀은 협력해서 수행해야 하는 과제를 할당받았지만 조금도 진전을 이루지 못했고, 분석 마비 현상paralysis of analysis*에 시달렸다.

다른 방에서는 투사 방어기제를 사용한 사람들이 자신의 동기를 서로에게 전가하고 있었다. 이들은 서로를 탓하다가 결국 수렁에 빠졌다.

부인 방어기제를 사용한 팀도 과제 수행에 진척이 없기는 마찬가지였다. 모든 사람이 "아뇨, 이 과제는 그런 뜻이 아니에요. 연구원들이 우리에게 원하는 건 그게 아니라고요."라고 떠들었기 때문이다.

이 실험은 어려운 문제를 처리하려면 나 자신의 동기와 방법을 검토하는 게 중요하다는 것을 다시 한번 일깨워주었다. 나는 내 삶에 대한 책임을 회피하면 주지화의 덫에 걸리기가 얼마나 쉬운

•   지나친 분석과 정보 과다로 분석이 불가능한 상태.

지 깨달았다. 다른 방어기제를 사용해도 같은 덫에 걸릴 수 있다.

　타인에 대한 우리의 영향력은 우리 내면과 외면이 일치하는 정도만큼만 커진다. 나는 이런 역학 작용을 직접 목격한 적이 있다. 한 친구 때문에 몹시 기분이 상했는데, 그 친구가 내게 사과했다. 나는 친구에게 "그 진심 어린 사과에 얼마나 감탄했는지 몰라. 어떻게 그렇게 할 수 있었어?"라고 물었다. 그러자 친구는 "내 안으로 깊이 들어가서 나 자신과 대화를 해야 했어. 그렇게 스스로와 대화를 나누면서 나 자신을 충분히 인식하자 '자존심과 양심 중 어느 쪽을 따를 것인가?'를 스스로에게 물어볼 수 있었지. 나는 양심을 따르기로 결정했어"라고 대답했다.

　내 친구는 양심이 이끄는 대로 사는 사람이어서 자존심과의 싸움이 벌어질 때마다 매번 양심을 따를 것이다. 지금까지 자주 그렇게 해왔기 때문이다. 그는 양심에 귀를 기울이는 습관이 몸에 배어 있다. 그리고 이렇게 진실한 사람이기 때문에 타인에게 큰 영향력을 발휘해왔다.

　많은 사람이 내적인 대화를 하지만, 실수를 고백하거나 사과를 하거나 공개적으로 변화를 보일 만큼의 용기는 부족하다. 용기는 성실성에서 나온다. 성실성이라는 내적 힘을 기르지 못한 사람은 실수를 고백하거나 과정을 바로잡을 용기를 내지 못할 것이다.

성실성을 지킬 때 얻을 수 있는 열매

성실성을 지키면 당신의 삶에 다음과 같은 분명한 혜택이 나타난다.

- 첫 번째 열매는 **지혜**다. 당신이 내면에서부터 마음의 안정을 얻으면 더 현명한 판단을 내릴 수 있다. 흥분해서 과잉 반응을 하지 않고 마음이 두 갈래로 나뉘지도 않는다. 작은 일을 크게 부풀려 소란을 피우지도 않고 극단적으로 되지도 않는다. 전체적인 삶의 균형을 더 잘 잡게 된다. 지혜가 있으면 올바르고 균형 잡힌 시선으로 상황을 바라보며, 과잉 반응을 하거나 미온적인 반응을 보이지 않는다. 셰익스피어가 말한 것처럼 "동작은 대사에, 대사는 동작에 맞춘다."

- 두 번째 열매는 **풍요의 심리**다. 내면에서 마음의 안정을 얻으면 외부 세계와 자신을 끊임없이 비교하는 데서 벗어난다. 그리하여 삶에 대해 풍요의 심리를 가질 수 있다. 다른 사람이 나보다 더 많은 공을 차지하거나 인생에서 더 큰 성공을 거둘까 봐 전전긍긍하지 않게 된다. 이런 사람들은 삶을 늘 점점 더 커지는 자원의 보고라고 본다.

햄릿은 "세상에는 좋은 것도 나쁜 것도 없다. 다만 생각이 그렇게 만드는 것뿐이다"라고 말했다. 마찬가지로 당신이 부족의 심리로 세상을 보면 결핍에 시달릴 것이다. 반면 당신 주위에 숨겨져 있을 풍부한 자원을 찾으면 그것을 이용할 수 있다.

• 세 번째 열매는 **시너지 효과**다. 타인이 당신을 어떻게 생각하는지에 집착하지 않으면 승-승적 사고로 다른 사람들과 협력하여 더 나은 아이디어를 찾아낼 수 있다. 그리고 단지 칭찬을 받기 위해서가 아니라 가능한 최상의 대안을 찾기 위해 타인을 배려하면서 용기 있게 자신의 아이디어를 표현할 수 있다.

• 개인적·조직적 성실성에서 얻을 수 있는 또 다른 달콤한 열매는 **모든 이해당사자와의 신뢰 관계**다. 정말로 성실하지 않으면 온전한 관계를 맺을 수 없다. 경쟁력, 유연성, 대응성, 품질, 경제적 부가가치, 고객서비스 등 수많은 업무상의 중요한 이점이 신뢰 관계에 좌우된다. 기본적으로 성실한 사람만이 신뢰를 얻을 수 있다.

기업윤리 프로그램

성실성과 윤리가 이렇게 중요한데, 개인과 기업들은 왜 그렇게 비윤리적인 행동을 자주 하는 걸까?

최근 수년간 대학과 조직들은 윤리교육을 크게 강조하면서 윤리 프로그램에 많은 돈을 투자했다. 하지만 최근 은퇴한 기업윤리 담당자에 따르면 유감스럽게도 효과를 거두진 못했다.

"일부 임원의 주된 관심사는 대외적 이미지와 인식이다. 실제로 윤리 프로그램은 종종 여론의 질타나 내사에 대응하려는 수단으로 시작된다. 윤리 담당자는 내부 고발자와 힘도 정보도 없어 문제를 해결할 다른 방법을 모르는 개인들을 위한 접점 역할을 한다.

리더가 목적을 위해 수단을 정당화하면 사람들은 그 신호를 포착한다. 사람들은 누가 채용되고 승진하는지, 누가 보상을 받는지 알아차리고 그 이유도 파악한다. 누가 요리조리 처벌을 피하면서 제멋대로 구는지, 누가 부적절한 행위를 눈감아 주는지 귀신같이 눈치챈다. 윤리 프로그램을 마련하면 성희롱이나 성차별적 발언 같은 문제에는 더 민감해지지만 비윤리적인 행위가 사라지거나 줄어드는 경우는 드물다. 실제로 윤리 프로그램이 생기면 비윤리적인 행위가 사라지는 게 아니라 물밑으로 내려갈 뿐이어서 사람들이 더 기만적으로 된다."

윤리적으로 보이려 애쓰는 것은 근본적으로 결함을 안고 있는 접근 방식이다. 원칙들을 받아들이고 그것에 자신을 맞추고 지키려는 겸손한 노력이 아니라 개인이나 조직의 내부에 윤리 혹은 가치라는 칸을 만들긴 하지만 깊이 있게 통합하지 않는 오만한 노력에 가깝기 때문이다.

대학과 기업들이 윤리를 다루는 강좌나 부서를 만들면 사람들은 보편적인 준거틀, 즉 모든 일에 대해 성실성을 기준으로 바라보는 틀이 아니라 윤리라는 별개의 준거틀에 따라 문제를 보기 시작한다.

윤리의 딜레마는 품질의 딜레마와 비슷하다. 이른바 품질 부서가 따로 있으면 당신이 품질을 담당한다고 생각하지 않게 된다. 그러나 제품이 완성된 뒤에 품질을 입힐 수는 없다. 처음부터 모든 것을 품질이라는 렌즈를 통해 보면서 제품을 설계하고 만들어야 한다. 마찬가지로, 윤리를 검사할 수는 없다. 윤리적으로 행동해야 할 개인적 책임을 모든 사람이 받아들이면 윤리를 생각조차 할 필요가 없다. 윤리적 행위가 복도 끝에 있는 인위적인 부서의 책임이 아니라 당신의 본성이 되기 때문이다.

리더가 윤리 규정을 잘 받아들이고 정확하게 지키면 다른 사람들도 자극받아 그렇게 하려고 노력한다. 어느 대규모 대학의 총장은 퇴임할 때 이사장에게서 이런 칭찬을 들었다. "몇몇 사람은 정직하지 못한 방법으로 직업적·사회적·경제적 성공의 정점에 도달합니다. 그보다는 도덕적이지만 정상으로 올라가면서 사랑하는 이와 친구, 동료를 세심하게 신경 쓰지 못하는 사람도 있고요. 명예, 성실성, 헌신, 가족과 친구에 대한 세심한 배려를 모두 갖춘 사람은 정말 드문데, 총장님이 그 보기 드문 사람 중 한 분입니다."

윤리가 조직의 일상생활과 분리된 경우가 너무 많다. 윤리 전문가가 모여 관련된 문제를 다루지만, 이들이 주로 하는 활동은 말한 것을 실천하지 않는 사람들에게 대응하는 수동적인 수준에 그친다. 잘못을 저지른 사람들도 발각된 것이 유일한 잘못이라고 느낀다. 전문가들은 고소를 막으려고 불만을 처리할 뿐, 윤리 위반 사태를 방지하는 활동을 하거나 통합적인 방식으로 이 문제에 접

> 리더가 목적을 위해 수단을 정
> 당화하면 사람들은 그 신호를
> 포착한다. 사람들은 누가 채용
> 되고 승진하는지, 누가 보상을
> 받는지 알아차리고 그 이유도
> 파악한다. 누가 요리조리 처벌
> 을 피하면서 제멋대로 구는지,
> 누가 부적절한 행위를 눈감아
> 주는지 귀신같이 눈치챈다.

근하지 않는다. 기업의 윤리적 입장과 개인의 행동에 괴리가 있는 한 사람들은 기업의 윤리 규정을 꼭 지켜야 한다는 의무감을 느끼지 않을 것이다.

조직들은 얼른 비전·사명·윤리·가치 선언문을 만들라고 재촉하고 그 결과를 발표한 뒤에는 이를 무의미한 공식적 활동으로 무시하기 일쑤다. 이렇게 하지 않는다면 이 문서들의 가치는 더 높아질 것이다. 윤리 규정 작성에 사람들을 참여시키고 정기적으로 함께 검토하면 조직문화에 겸손과 가치를 심을 수 있다.

윤리 선언문이 중심이 되어 다른 모든 것이 여기에서 출발하면 이 선언문은 헌법과 같은 역할을 하게 된다. 그러면 '윤리적인 것처럼 보이는' 조직에서 탈피한다. 성실성을 보유한 조직에서는 윤리 문제를 다루는 별개의 부서가 존재하지 않는다. 조직이 제2의 가족 역할을 하고, 구성원은 사람이나 프로그램, 정치가 아니라 원칙이 지배한다는 것을 알기 때문에 겸손해진다. 이들은 시간을 초월하는 불변의 원칙들을 믿을 뿐 아니라 그것을 실행할 용기도 있다.

적용 방법과 제안

◆

- 다음 질문들에 대한 답을 일기에 적어본다. 완전히 진실한 사람이 된다는 것이 무슨 의미일까? 당신의 삶에서 성실성을 더 보여줄 수 있는 영역을 하나 선택하고 실천해본다. 그러면 어떤 느낌이 드는가?

- 당신의 삶에서 용기를 발휘하고 있다고 생각하는 영역이 어디인가? 겸손하다고 느끼는 영역은? 더 큰 용기를 발휘할 수 있는 상황과 더 겸손해질 수 있는 상황을 각각 하나씩 적어보고 실천한다.

주위를 둘러보세요.
이 방 안에 선생님의 손길이 닿지 않은 사람은 아무도 없습니다.
선생님 덕분에 우리는 더 나은 사람이 되었습니다.
우리가 선생님의 교향곡입니다.
우리가 선생님이 만든 작품의 멜로디이고 음표입니다.
우리가 선생님의 삶이 빚어낸 음악입니다.

−영화 〈홀랜드 오퍼스〉 중

7 두 번째 지렛대 **사회공헌**

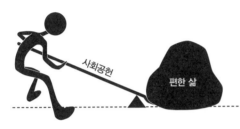

사회공헌

편한 삶

PRIMARY GREATNESS

다른 사람에게 도움이 되겠다는 사명과 목적이 있고 세상에 지속적인 공헌을 하는 사람이 1차적 강점을 이룬다. 그러나 자신에 대해 깊이 생각하지 않고 "세상이 내게 원하는 게 뭘까? 다른 사람의 삶에 어떻게 기여할 수 있을까?"를 묻지 않은 채 손쉬운 길을 택하고 싶은 유혹을 느끼는 사람이 많다. 이번 장에서는 세상에 남기고 싶은 유산을 깊이 생각해보는 자리를 마련하겠다.

경제 혼란이 최고조에 달했던 시기에 이런 질문을 받은 적이 있다. "지금 벌어지고 있는 대량 해고 사태를 어떻게 생각하세요?" 내 대답은 이러했다. "이건 하나의 사건일 뿐입니다. 좀 더 세계화가 이루어지고 새로운 규칙이 업무 현장을 지배하면 우리는 고품질, 저비용으로 무장한 생산자들과 더 치열한 경쟁을 벌이게 될 겁니다. 지금까지보다 더 심한 경쟁에 직면하고, 특히 아시아와 남아메리카, 인도, 중국, 중동 지역의 경제가 부상하면서 경쟁이 더욱 치열해질 거예요."

전 세계적으로 직장에서의 심리적 계약*에 변화가 나타남에 따라 많은 사람이 비난하는 태도를 취하고 자신의 문제에 대해 조직이나 사회 혹은 정부를 탓할 것이다.

개인의 재설계

하지만 책임을 떠넘기기보다 목적을 다시 검토하고 새로운 현실을 받아들이도록 자신을 재설계해야 한다. 특히 다음 3가지가 중요하다.

자신의 정북향이 어디인지 알아야 한다

조직에 도움이 되는 비전과 원칙 중심의 변치 않는 가치체계에 근거한 개인적 사명을 정해야 한다. 그러지 않으면 이 모든 강력한 힘과 거대한 시대적 조류에 휩쓸려 결국 수동적인 사람이 되고 만다. 그리하여 자신의 문제를 다른 사람들 탓으로 돌리고 자신의 미래를 스스로 일구어나가지 못한다.

●   고용주와 피고용인이 암묵적으로 서로에게 품는 기대.

위험을 기꺼이 감수해야 한다

3가지 위험을 감수할 의지가 있어야 한다.

• **말할 때:** 상사, 동료, 그 외의 이해관계자들과 말할 때 배려뿐 아니라 용기도 보여주어야 한다.

• **들을 때:** 조직에 무슨 일이 일어나고 있는지 이해하려면 공감하면서 들어야 한다. 그 정보가 자신의 세계관에 혼란을 주는 것일 때도 마찬가지다.

• **행동할 때:** 창의적으로 될 때, 남에게 뭔가를 가르칠 때, 자신의 안전지대를 떠날 때 수반될 수 있는 위험을 기꺼이 감수해야 새로운 현실에 적응할 수 있고 더 효과적인 일처리 방식이 있는지 판단하기 위한 실험을 해볼 수 있다. 모험은 미래 리더의 중요한 특성이다. 어떤 의미에서는 모든 사람이 자신의 사업을 하는 기업가가 되어야 한다. 이제는 네트워크 조직˚이나 거대 매트릭스 조직˚˚의 한 프로젝트에서 다른 프로젝트로 옮겨 다니며 일해야 할 수도 있고 새로운 과제를 받을 때마다 가치를 더해야 한다. 사람들은 한 조직에서의 평생에 걸친 경력 개발에 큰 주안점을

•   독립된 사업부서들이 각자의 전문 분야를 추구하면서 업무 수행을 위해 상호 협력하는 것.

••   부서를 중심으로 하는 기능적 조직구조와 프로젝트 수행을 위한 조직구조를 결합한 것.

두지 않게 되었다. 그 대신 어떤 일을 완료하고 요구사항을 충족시키고 가치를 부가하고 그 가치를 기록하는 데 더 초점을 맞춘다.

평생에 걸쳐 공부해야 한다

우리는 지식과 기술을 향상하고, 최신 기술을 잘 다루고, 광범위한 독서를 하고, 자신의 환경에 작용하는 강력한 힘을 인식해야 하는 개인적 책임을 받아들여야 한다. 기술이나 과학 분야에서 진행되고 있는 변화를 따라가는 것뿐 아니라 교양이나 순수예술 교육 혹은 재교육이 필요하다. 예술은 배움을 계속하기 위한 정신적 능력을 향상해주기 때문이다. 또한 기술과 과학을 대체하는 가치 시스템을 발달시켜 내면의 본성도 잘 가꾸어야 한다.

이 3가지를 실천하는 사람은 눈앞의 비전과 자신의 회사, 가족, 자녀, 공동체를 훨씬 뛰어넘는 영역까지 영향력이 확대되고 세상에 많은 기여를 할 것이다.

예술가 같은 지도자와 추종자

세상이 요구하는 것과 당신이 세상에 주는 것을 일치시키려면 다음 3가지 질문의 답을 찾아야 한다. 세상에 필요한 것이 무엇인가? 내가 잘하는 게 무엇인가? 하고 싶은 일을 하면서 내가 현재 일하는 곳에서 실제로 요구하는 것을 만족시키는 가장 좋은 방법은 무엇인가? 이를 위해서는 예술가 같은 지도자와 추종자가 되어야 한다.

영화 〈홀랜드 오퍼스Mr. Holland's Opus〉는 우리가 삶의 예술가가 되어야 한다고 역설한다. 작곡가가 되기를 열망하는 주인공 홀랜드는 한 고등학교에서 임시로 음악 교사 자리를 구한다. 홀랜드는 처음에는 이 직업을 싫어했다. 자기 삶의 포부와는 관련이 없는 일이었기 때문이다. 하지만 몇 달만 하겠다고 생각한 교사생활이 몇 년이 되고, 시간이 지나면서 홀랜드는 차츰 제자들에게 애정이 싹튼다. 결국 홀랜드의 필생의 작품opus은 위대한 교향곡이 아니라 수천 명 젊은이의 삶에 준 도움인 것으로 판명되었다.

홀랜드는 세상에 정신적인 기여를 했다.

오늘날 사람들은 삶의 정신적인 측면에 대한 갈망이 있다. 이러한 갈망은 부분적으로는 최근 몇십 년 동안 우리가 순수예술에 등을 돌린 데서 기인한다. 나는 강력한 STEM(과학, 기술, 공학, 수학) 교육을 중심으로 설립된 우수한 사립학교를 방문한 적이 있다. 그런데 이 학교는 수학, 과학뿐 아니라 순수예술도 중요하게 생각하기 시작했다. 정서 지능의 필요성 즉 우리가 지금껏 경시해

> 세상이 요구하는 것과 당신이 세상에 주는 것을 일치시키려면 다음 3가지 질문의 답을 찾아야 한다. 세상에 필요한 것이 무엇인가? 내가 잘하는 게 무엇인가? 하고 싶은 일을 하면서 내가 현재 일하는 곳에서 실제로 요구하는 것을 만족시키는 가장 좋은 방법은 무엇인가?

왔던 우리 본성의 다른 측면들을 육성해야 한다는 사실을 알았기 때문이다.

새로운 근로자, 새로운 근로자형 리더, 새로운 리더형 근로자는 지적 지능과 정서 지능을 모두 추구하며 가치 부가, 지속적 학습, 신뢰 관계 형성, 시대를 초월한 불변의 법칙에 초점을 맞출 것이다. 문학과 예술을 부흥시키는 교육이 조직들의 르네상스를 불러온다.

리더십의 2가지 측면

개인적 승리

많은 사람이 개인적 변화가 필요하다는 것을 알면서도 변화를 거부하곤 한다. 그래서 리더가 되는 데 필요한 요건의 절반인 개인적 승리를 놓쳐버린다.

개인적 승리란 스스로를 이기는 것이다. 자신의 삶을 진실하게 이끌어나가지 못하고 스스로를 엄격하게 관리하지 않는 사람이 다른 사람을 잘 이끌길 기대할 수는 없다.

그런데 왜 자기 자신을 이기지 못하는 사람이 그렇게 많을까? 다음 4가지 이유를 생각할 수 있다.

- 자신의 삶에 대한 책임을 타인이나 환경에 떠넘긴다.
- 개인적 사명이나 철학, 신조를 정하는 데 시간과 노력을 들

이는 사람은 아마도 5~10퍼센트에 불과할 것이다.

- 개인적 비전과 사명을 정해도 이를 실제로 추진하지 않는 사람이 많다. 비전과 사명을 실천하려면 위험이 따르고 노력이 필요하며 안전지대에서 벗어나야 하기 때문이다. 그래서 비전과 사명을 포기하고 덜 중요한 것들을 추구한다.

- 자기 자신을 이기려는 마음가짐이나 기술이 없고 평생학습 패러다임이 가족과 기업 문화에 단단히 자리 잡지 못했다. 그래서 공적인 승리를 거두도록 도와주는 개인적 승리를 얻지 못한다.

공적인 승리

공적인 승리는 사람들 사이에 공유된 비전을 성취하려는 당신의 노력에 다른 사람들을 합류시키는 것이다. 왜 최고의 성과를 내는 사람들 가운데 공적인 승리라는 시험에서 실패하는 사람이 많을까? 나는 다음 3가지 이유를 제시한다.

- 개인적으로는 마음의 안정을 느껴도 배우자나 동료와 안정감을 나누지 못한다. 이런 사람들은 드넓은 먼 바다로 나가고 싶어 하지만 항구에 발이 묶여 있다.

- 위임하는 방법을 배우지 않았다. 많은 사람이 위임의 역학을 알고 있으면서도 권한을 완전하게 위임하길 꺼린다. 자신의 통제권을 넘기는 게 싫어서다. 이들은 다른 사람이 공을 차

지하는 꼴을 보고 싶어 하지 않고 남들이 그 일을 제대로 해낼 것이라 믿지도 않는다. 나는 이런 사람들의 마음을 충분히 이해한다. 우리 회사를 확장하면서 내 일을 공개해야 했던 적이 있는데 그렇게 하기가 몹시 힘들었기 때문이다.

• 사람들을 독려해 서로 돕는 분위기를 만드는 데 실패한다. 비전을 실현할 수 있는 문화를 만들지 않고 가만히 앉아서 관리자와 다른 사람들 탓을 하며 상황을 더욱 악화시킨다.

여러 면에서 홀랜드는 다른 사람들을 동참시켜 서로 돕는 팀을 만드는 법을 터득한 기업가라 할 수 있다. 홀랜드의 열렬한 추종자와 지원자들은 중요한 순간에 그를 도와 퍼레이드와 프로그램을 성공시켰다.

당신의 작품이 연주되는 소리를 듣고 싶다면, 자신을 재설계하고 궁극적으로 다른 사람과 사명을 공유하여 개인적 승리와 공적인 승리를 모두 거두어야 할 것이다.

그냥 은퇴할 것인가, 재건 작업에 착수할 것인가?

현재는 잘해나가고 있지만 새로운 과제들에 대처하려면 가까운 미래에 혁신 작업이 필요한 어느 회사와 일한 적이 있다. 이회사의 최고 책임자는 나이가 예순셋이었고 2년 뒤인 예순다섯 살에 은퇴할 예정이었다.

이 혁신 작업에 노력과 에너지를 투자하기 시작했을 때 그는 이 일이 2년 안에 깔끔하게 끝나지 않을 대규모 작업이란 것을 알게 되었다. 그는 당장 코앞에 닥친 일들도 해결해야 하고 회사가 지금 잘해나가고 있는데, 굳이 이 과제에 착수해야 할지 의문이 생겼다.

그래서 "은퇴가 불과 2년밖에 남지 않았는데, 이런 노력을 기울일 만한 책임과 에너지가 내게 있는가?"라는 문제를 놓고 고심해야 했다.

긍정적으로 생각해보면 이 혁신 작업으로 조직문화가 변하고 회사가 다음 세기까지 수익성 있는 성장을 할 수도 있었다. 하지만 그는 새로운 문제와 위험을 초래할 수도 있는 이 계획의 부정적인 측면 역시 알고 있었다. "이러한 변화가 정말로 효과가 있을까? 이 계획이 우리 회사의 문화에 영향을 미칠까?"라는 의문이 계속 그를 따라다녔다.

그와 이야기를 나누면서 나는 그가 몹시 고심하고 있음을 알 수 있었다. "이 방향으로 가야 할까요? 우리가 이 방향으로 가야 한다는 건 알고 있지만, 책임도 막중하고 쏟아야 할 에너지도 어마어마합니다. 아니면 제 후임자가 모든 어려운 문제를 다룰 테니 저는 보수적인 태도를 유지해야 할까요?"

나는 그에게 이런 질문을 던졌다. "은퇴할 때 어떤 유산을 남기고 싶나요?"

그러자 그는 "음, 잘 모르겠어요. 그 문제는 생각해본 적이 없어요"라고 대답했다.

나는 이렇게 말해주었다. "당신이 검토할 수 있는 옵션은 2가지입니다. 하나는 조직을 혁신하기 위한 이 노력을 시작하는 것입니다. 다른 하나는 지금까지 해오던 대로 하다가 영광스럽게 물러나지만, 다음 세대에 도움을 주는 일은 하지 않는 것이죠."

그는 내가 한 말을 곰곰이 생각해보았고, 다음 날 우리가 찾아가자 이렇게 말했다. "내가 어떤 유산을 남기고 싶은가…. 그렇게 정신이 번쩍 드는 질문은 처음이었어요. 내 마음을 깊이 들여다볼수록 이 중요한 계획에 따르는 대가를 감수하길 원하지 않는다는 걸 인정해야 했어요. 사실 영광 속에서 은퇴하고 싶었고 내심 후임자가 나만큼 잘하지 못하기를 바랐죠. 내 재임 기간이 전성기가 되길 원했어요. 하지만 이 문제를 생각하면 할수록 내 동기가 잘못되었고 내가 은퇴한 뒤에도 회사가 더 잘될 수 있도록 노력해야 한다는 걸 깨달았어요."

그는 이 기업혁신 작업에 자신의 엄청난 헌신이 필요하다는 것을 잘 알고 있었다. "2년 동안 편하게 지내다가 칭송받으며 고별사를 하고 싶었어요. 그런데 그 대신 지금까지 겪었던 것 중 가장 어려운 싸움에 직면했지요. 하지만 오랫동안 남을 유산을 물려주기 위해 노력하지 않는다면 내 자존심을 지킬 수 없다는 결론에 이르렀어요."

자신의 마음을 살펴라

이 최고 책임자가 겪은 내면의 투쟁을 들으면서 나는 잠언의 한 구절이 떠올랐다.

"무릇 지킬 만한 것보다 네 마음을 지켜라. 생명의 근원이 이에서 남이니라."

그가 한 일이 바로 이것이었다. 그는 자기중심적인 사고에서 벗어나 조직에 대한 기여를 생각했다. 쉬운 길을 가겠다는 생각에서 기여를 하겠다는 생각으로 발전했다. 이 숙고의 시간 동안 그는 자기 자신과 타인을 지극히 정직하고 진실한 마음으로 고려했다. 그리하여 "기꺼이 이 대가를 치르겠어. 이 결심 때문에 다음 2년이 훨씬 더 힘들어지겠지만 보람도 더 클 거야"라는 결론을 내렸다.

당신도 다음 질문을 스스로에게 던져보면서 자신의 마음을 살펴보기 바란다. 나는 어떤 유산을 남길 것인가? 나는 어떤 기여를 할 것인가? 그렇게 자신의 마음을 살피다 보면 종종 재창조, 재설계, 개혁이 시작된다. 수익성 있는 성장을 위해서는 대가를 치러야 한다는 것을 깨닫기 때문이다.

그러나 아주 현실적인 이유들이 변화를 방해한다. 실제로 당신이 중요한 변화를 위한 노력에 착수하겠다고 결심하면 그런 대가를 치를 필요가 없는 이유가 줄줄이 떠오를 것이다.

다음은 그럴 때 당신이 떠올릴 수 있는 흔한 변명 중 몇 가지에 불과하다.

- 내가 직면한 문제가 정치적으로 민감한 것이다. 많은 정치인은 정치적으로 민감하거나 자멸을 초래할 수 있는 문제는 건드리지 않는다. 그런데 왜 나는 그것을 굳이 건드리려고 하는가?
- 내가 직면한 이 문제가 고질적이긴 하지만 심각한 사태가 벌어지지는 않을 수 있다. 그렇다면 이 문제의 처리를 당분간 보류하고 그냥 놔두는 게 어떨까?
- 단기적인 보상이 나타나지 않는다. 가까운 시일 내에 얻을 수 있는 게 없는데 왜 굳이 힘든 문제와 씨름해야 할까? 무난하게 가면 짧은 시간에 황금알을 모두 손에 쥘 수 있다. 비록 거위의 목숨이 위태로워질 수는 있어도.
- 어쩌면 나의 후임자가 편리한 희생양이 될 수도 있다. 내가 지금 생각하고 있는 변화 활동이 효과가 없으면 불쌍한 후임자를 포함한 많은 사람과 다른 변수에 책임이 돌아갈 수 있다.
- 나는 지금의 자리에 오르려고 이미 비싼 대가를 치렀다. 그런데 왜 다른 사람들이 나서게 놔두지 않는가? 나는 쉬엄쉬엄 일해도 될 자격이 있다.

힘든 과제에 덤벼들지 말라고 유혹하는 이런 이유 중 하나 이상에 굴복했을 때의 문제는 마음속 깊은 곳에선 자신이 정말로 대가를 치르지 않았음을 알고 있다는 것이다. 그리고 그 사실을 뻔히 아는 채로 살아가야 한다.

힘든 과제가 생기면 다른 많은 일은 거절할 수 있게 된다. 중요한 과제를 맡으면 오히려 심리적으로 편안해지고 사소한 일들은 잊을 수 있다. 이루어야 하는 사명, 착수해야 하는 탐구, 달성해야 하는 목표, 남겨야 하는 유산 등 꼭 하고 싶은 중요한 일이 없으면 생활과 일에서 부딪치는 비교적 덜 중요한 문제를 거절하기 어려운 경우가 많다.

내 경험에 따르면, 대가를 치르는 열쇠는 자신이 남기고 싶은 유산이 무엇인지 냉정하게 묻고 진심으로 깊이 생각하는 것이다. 당신이 남기고 싶은 유산과 관련된 사람 몇 명을 이런 깊은 숙고와 성찰 과정에 동참시킬 수도 있다.

힘든 문제와 싸우고 개인적 변화건 공적·조직적 변화건 중요한 변화를 불러올 계획에 착수하겠다고 결심한다 해도 이 일을 끝까지 해낼 힘이 필요하다. 당신은 수년간 자신이나 조직을 괴롭혀온 문제들을 처리하고 해결하기 시작한다. 그리고 스스로를 가다듬기 위해 해야 하는 일들에 직면한다.

자기 탐구와 관련된 이 교훈은 당신이 삶에서 하고 싶은 어떤

> 당신의 작품이 연주되는 소리를 듣고 싶다면, 자신을 재설계하고 궁극적으로 다른 사람과 사명을 공유하여 개인적 승리와 공적인 승리를 모두 거두어야 한다.

일에도 적용될 수 있으며 공적인 승리가 사적인 승리에서 나온다는 생각을 재확인해준다.

그러니 다시 한번 물어보겠다.

"당신은 어떤 유산을 남기고 싶은가?"

적용 방법과 제안

◆

- 예술가 같은 지도자와 추종자가 되기 위해 다음 질문들에 대한 답을 찾아 보라. 세상이 당신에게 요구하는 것이 무엇인가? 나는 어느 부분을 잘하는 가? 하고 싶은 일을 하면서 내가 현재 일하는 곳에서 실제로 요구하는 것 을 만족시키는 가장 좋은 방법은 무엇인가? 당신에게 요구하는 부분, 당신 의 재능, 당신의 현실, 이 모든 것이 종합된 목표 하나를 세워라.

- 다음 질문들에 대한 답을 적어본다. 개인적 삶과 직업에서 어떤 유산을 남 기고 싶은가? 지금 하는 일을 그만둔 뒤 사람들이 당신을 어떻게 평가하 길 원하는가? 10년 뒤에 가족과 친구들이 당신에 관해 어떻게 말하길 원 하는가?

중요한 것은 스케줄에 있는 일들의 우선순위를 매기는 게 아니라
당신이 중요하다고 생각하는 일들의 스케줄을 잡는 것이다.
– 스티븐 코비

8 　세 번째 지렛대 우선순위

진짜 우선순위 높은 활동

영구 손실을
초래하는
시간 낭비 활동들

PRIMARY GREATNESS

　2차적 강점에서 1차적 강점으로 옮겨간다는 건 우리가 삶에서 종종 가장 중시했던 것들이 실제로는 맨 뒤로 가야 한다는 뜻이다. 어떤 일은 분명 다른 일보다 더 중요하다. 실제로 어떤 일(생명, 건강, 가족)은 너무도 중요해서 이들과 비교하면 다른 일은 너무나 사소해진다. 당신의 하루하루가 사소한 업무 과제, 도박, 끝없는 오락 등 '영구 손실을 초래하는 시간 낭비 활동'으로 가득 차 있다면, '진짜 우선순위 높은 활동'이라는 지렛대를 눌러야 한다. 이번 장에서는 중요한 일과 부차적 일을 구별하고 중요한 일을 항상 먼저 하는 법을 설명하겠다.

　딸 제니가 결혼식을 준비할 때였다. 나는 행복에 젖어 있을 딸을 기대하며 만나러 갔다. 그런데 뜻밖에도 딸은 매우 낙담해 있었다. 제니는 내게 말했다. "제겐 중요한 다른 일과 관심사가 잔뜩 있어요. 그런데 지금은 다른 일을 전부 뒤로 미루어야 해요. 시간을 온통 결혼 준비에만 쓰고 있거든요. 남편 될 사람과 보낼 시간조차 없을 지경이에요."

나는 딸을 이해하려 애쓰며 물어보았다. "그럼 결혼 준비 때문에 꼼짝 못 하고 있는 거니?"

제니는 "저는 다른 할 일이 있어요. 신경 써야 하는 사람과 프로젝트도 있고요"라고 대답했다.

나는 다시 제니에게 물었다. "네 양심에 한번 물어봐. 지금 해야 하는 일이 무엇일지. 아마 지금은 결혼이 가장 중요한 일 아닐까?"

제니는 자신이 해야 하는 일 목록을 보여주며 투덜댔다. "이 일들을 하려고 스케줄을 잡아놓았어요. 그런데 그 시간도 매번 결혼 준비 때문에 방해를 받는걸요."

나는 제니에게 말했다. "넌 지금 네게 가장 중요한 일을 하고 있어. 그러니 몇 주 동안 다른 계획들은 잊어버리렴. 마음을 편히 먹고 네 인생의 이 멋진 사건을 즐기는 게 어때?"

그러자 제니는 "하지만 삶의 균형은요?"라고 물었다. 딸은 삶의 균형을 지키라는 내 가르침을 알고 있었다.

"네 삶은 당분간은 균형이 맞지 않을 거고 그러는 게 당연해. 균형은 장기적으로 맞추는 거야. 지금은 꼭 스케줄을 지키려고 애쓰지 마. 그냥 너 자신을 즐기고 다른 사람들이 네 즐거운 기분을 느끼도록 하렴. 소중한 일, 최고의 일을 헌신해가면서 스케줄을 지킨다고 해도 그리 만족스럽지 않을 거야. 이번 한 달 동안 네가 해야 하는 중요한 역할은 새 신부 역할뿐이야. 그리고 그 역할을 잘해내면 만족감을 느낄 거야."

당신에게 소중한 일을 확인한다

당신의 삶에서 소중한 일은 무엇인가? 이 질문에 대한 답을 찾는 한 가지 좋은 방법은 다른 사람들에게 "나의 특별한 점이 무엇일까? 나만이 가진 재능이 무엇일까? 다른 사람은 할 수 없고 나만 할 수 있는 일이 무엇일까?"라고 물어보는 것이다. 예를 들어 당신 말고 누가 당신 아이의 아버지가 될 수 있겠는가? 다른 누가 당신 손녀의 할머니가 될 수 있겠는가? 다른 누가 당신 제자를 가르칠 수 있겠는가? 다른 누가 당신 회사를 이끌 수 있겠는가? 다른 누가 당신 신랑의 신부가 될 수 있겠는가?

오로지 당신에게만 있는 재능과 능력이 당신이 삶에서 어떤 중요한 일을 해야 하는지 결정한다. 그런데 다른 급한 일들에 밀리는 바람에 삶에서 중요한 일들을 제대로 하지 못하는 비극이 종종 발생한다. 몇몇 중요한 일을 시작도 하지 못하거나 시작한다 해도 끝을 맺지 못한다.

나는 로저와 리베카 메릴Roger and Rebecca Merrill과 공저한 책 《소중한 것을 먼저 하라》에서 개인적 효과성을 얻는 방법은 균형을 맞추는 것이라고 제안했다. 우리는 사람들에게 균형 맞추기에 대해 깊이 생각해보라고 권한다. '삶에서 내 책임은 무엇인가? 내가 마음을 쓰는 사람은 누구인가?' 여기에 대한 답을 토대로 자신의 역할을 깊이 생각해본 뒤 '각 관계나 책임에 대해 미래에 어떤 상태가 되어야 하는가?'를 고민하여 목표를 세운다.

사람들과 승-승적 합의를 이루고 신뢰 관계를 유지하는 것은 효율적인 과정은 아니다. 사실 이 과정은 더디게 진행된다. 하지만 일단 신뢰가 형성되면 일이 더 빨라질 것이다. 당신이 효율적인 경영진이라면 가장 더딘 접근 방식을 취하고 있을지 모른다. 물론 당신의 결정을 다른 사람에게 무조건 강요할 수도 있지만 그 사람이 그 결정에 따르겠다고 마음먹는 것과 정말로 실행에 옮기는 것은 다른 문제다. 사람을 다룰 때는 느린 길이 빠른 길이고 빠른 길이 느린 길이다.

피터 드러커Peter Drucker는 양질의 결정과 효과적 결정을 구분했다. 당신은 양질의 결정을 내릴 순 있다. 하지만 그 결정을 실행하지 않으면 효과를 얻지 못한다. 양질의 결정을 효과적으로 만들려면 그 결정을 실행해야 한다. 당신은 일을 매우 효율적으로 처리하지만 사람들과는 몹시 비효과적인 관계를 맺고 있을지 모른다.

효율성과 **효과성**은 다르다. 효율성은 과정, 효과성은 결과를 나타내는 말이다. 어떤 사람은 성공의 사다리를 아주 효율적으로 올라갈 수 있지만, 잘못된 벽에 사다리가 기대어져 있다면 그들이 효과적으로 일한 것은 아니다. 당신은 잘못된 우선순위에 따라 매우 효율적으로 일하고 있을 수도 있다.

효율성은 일처리와 관련되어 있다. 당신은 빠른 속도로 물건과 돈을 옮기고 자원과 현금의 흐름을 관리하며 사무실 집기들을 재배치할 수 있

다른 급한 일들에 밀리는 바람에 삶에서 중요한 일들을 제대로 하지 못하는 비극이 종종 발생한다. 몇몇 중요한 일을 시작도 하지 못하거나 시작한다 해도 끝을 맺지 못한다.

다. 하지만 중요한 문제에 대해 사람을 효율적으로 대하려고 하면 비효과적이 될 가능성이 크다.

일을 처리하듯 사람을 대할 수는 없다. 일은 효율적으로 할 수 있지만 사람과의 관계에서는 효과적이어야 한다. 힘든 문제에 대해 가족이나 친한 친구를 효율적으로 대하려고 한 적이 있는가? 그랬더니 어떤 일이 일어났는가? 사람을 조급하게 대하면 문제 해결이 매우 더딜 것이다. 당신은 그들이 하는 말을 듣지 못하고 그들에게 승리가 무엇을 의미하는지 이해하지 못할 것이다. 그러나 속도를 줄이고 나도 이기고 상대도 이기는 방법이 무엇인지 깊이 생각해보면 장기적으로 두 사람 모두에게 적절한 해결책에 전념하는 편이 더 빠른 방법임을 알게 될 것이다.

효과성 문제는 다른 사람들과 마찬가지로 당신 자신에게도 적용된다. 자신을 효율적으로 대해서는 안 된다. 예를 들어 어느 날 아침 나는 자기 사명서를 작성하고 있는 사람들을 만났는데, 그 중 한 사람이 "개인 사명서 작성은 힘드네요"라고 말했다. 나는

"효율성 패러다임과 효과성 패러다임 중 어느 방식으로 그 일을 하고 있나요? 효율성 접근 방식을 사용한다면 당장 이번 주말에 그 일을 끝내버리려고 하겠죠. 하지만 효과성 접근 방식을 사용한다면, 만족스러울 때까지 자기와의 대화를 하며 사명서를 완성할 거예요"라고 말했다.

시계보다 나침반을 중시한다

인생을 시계에 비유하는 사람이 많다. 우리가 시계를 중요하게 여기는 이유는 빠르고 효율적으로 시간을 알 수 있기 때문이다. 시계도 필요하고 효율성도 필요하다. 하지만 시계든, 효율성이든 효과성을 얻은 뒤에야 제 역할을 한다. 효과성의 상징은 나침반이다. 나침반은 방향과 목적, 비전, 관점, 균형을 제시하기 때문이다. 양심은 나침반처럼 삶의 매 순간 우리의 내면을 모니터링하고 길을 안내해주는 역할을 한다.

시계 사고방식에서 나침반 사고방식으로 바뀌려면 스케줄이 아니라 우선순위에 초점을 맞추어야 한다. 시계는 회의가 언제 열리는지 알려줄 순 있지만 그 회의에 참석할 가치가 있는지는 말해주지 못한다. 그 회의가 당신이 생각하는 길에서 벗어나게 한다면 어떻게 할 것인가? 올바른 방향을 계속 유지하려면 당신의 정북향에 맞추어 매일, 매주 우선순위를 명확하게 확인해야 한다.

소중한 일을 먼저 한다

왜 사람들은 타인과는 쉽게 스케줄을 잡고 약속을 지키면서 자신과의 약속은 잘 지키지 못할까? 자기 자신과 약속을 정하고 지킬 수 있다면 사회적 성실성이 상당히 높아질 것이다. 또한 타인과 약속을 정하고 지킬 수 있다면 자신과의 약속을 지키려는 자제력이 더 높아질 것이다.

물론 자신과의 약속을 지키는 데 실패하더라도 과하게 반응해서는 안 된다. 하지만 자신과의 약속을 지키면 성실성이 크게 높아진다.

예를 들어 한번은 내 아들이 자기 방을 정리해준 여동생을 나무라는 모습을 본 적이 있다. 아들은 어떤 프로젝트를 위해 방 안에 물건들을 죄다 펼쳐놓았는데, 그것이 지저분하다고 생각한 동생이 오빠를 돕고 싶어서 치워준 것이다.

그런데 아들은 한참 열변을 늘어놓다가 갑자기 잔소리를 멈추고 이렇게 말했다. "미안해. 내가 너무 낙담해서 네 탓을 하고 있었어. 네가 좋은 뜻으로 그랬단 거 알아." 아들은 순간적으로 이성을 잃고 화를 내다가 바로 사과했다.

사람이 일보다 중요하고 관계가 스케줄보다 중요하다는 것을 알면 양심과 중요한 비전, 가치체계를 더 상위에 두기 때문에 스케줄은 기꺼이 다른 중요한 가치들 아래로 둘 수 있다. 당신의 프로젝트가 가치 있는 것이라면, 더 상위의 목적이 사소한 관심사와 차선적으로 중요한 일들을 압도할 것이다.

다음 문구를 시간 관리의 신조로 삼길 권한다. **나는 시계의 효율성이 아니라 내 양심의 나침반의 지배를 받을 것이다.**

직장에서 신뢰를 쌓은 사람은 매일, 매시간 그때 필요한 일을 하기로 결정한다. 가족에게 그가 필요할 때는 가족과 있다. 생산성이나 창의성이 매우 높아졌을 때는 어떤 것도 끼어들게 하지 않는다. 수술 중에 전화 받는 의사를 상상이나 할 수 있는가?

우리 대부분은 온종일 울려대는 문자 도착음과 전화벨 소리로 상징되는 긴급성에 파묻혀 있다. 긴급하고 중요한 일은 대부분 신속한 행동을 요구하지만, 긴급성과 중요성을 혼동하지 말길 바란다. 중요하지만 꼭 긴급하진 않은 일을 시작하려면 진짜 리더십이 필요하다. 긴급한 일부터 처리하고 반응적인 태도로 산다면 스트레스와 극도의 피로만이 남는다.

중요한 일에 계속 초점을 맞추며 사는 한 가지 방법은 일일 계획을 세우기 전에 주간 계획을 세우는 것이다. 주간 계획을 세우면 장기적인 시각이 생기고 자신의 사명, 역할, 목표 내에서 행동할 수 있다.

열렬하게 원하는 일

우리가 하게 될 최고의 일은 창의적인 일, 우리만이 세상에 할 수 있는 기여다. 그런데 훨씬 보람도 덜하고 중요하지 않은 일을 하느라 창의적으로 기여할 기회를 헌신하는 사람이 많다.

나는 "당신에게 가장 우선순위인 일을 결정하고, 다른 일들에 대해서는 미안한 기색 없이 미소를 지으며 상냥하게 거절해야 합니다. 당신의 내면에서 열렬하게 원하는 더 중요한 일이 있다면 그렇게 할 수 있습니다. '괜찮은 일'에 만족한다면 '최상의 일'을 할 수 없습니다"라고 여러 차례 강조했다.

나는 창의적이고 혁신적으로 일할 거라 기대되는 임원 그리고 그 외의 사람들과 함께 일하면서 이들의 성취 능력이 종종 "이 일을 할 시간과 자원을 어디에서 얻을 것인가?"라는 현실적인 문제로 귀결된다는 점을 발견했다. 창의력 훈련과 혁신에 대한 투자가 헛수고로 돌아가는 것은 대부분 사람이 창의적인 일을 하려고 시간 내는 방법을 모르기 때문이다.

그래서 이런 사람들은 창의적 자유, 자신이 할 수 있는 최상의 일과 최대의 기여를 할 자유를 잃어버린다. 이들은 물리적 환경에서는 많은 옵션과 놀라운 유동성을 보유하고 엄청난 자유를 누릴지 모르지만, 실상은 거의 자유롭지 못하다. 그 옵션들을 활용할 내면의 힘과 절제력이 없기 때문이다. 실제로 이들은 자칭 '시계의 희생자'가 되고 자신의 낮은 생산성을 다른 사람 탓으로 돌리기 시작한다. 그리고 주로 자신이 처한 삶의 환경과 조건에 휘둘려서 살아간다. 다른 사람들이 자신을 위해 일을 완수해주지 못하면, 즉 그들이 그 일을 막거나 처리하지 못해 사태가 걷잡을 수 없이 악화되었다면 남들 탓을 하면서 "이 모든 불행은 그 사람들 때문이야"라고 비난한다.

긴급한 일들을 처리하느라 에너지를 빼앗기고 머릿속이 온통 그 생각으로 가득 차 있으면 창의적으로 되기 어렵다. 방어적인 태도로 산다면 창의력을 발휘할 수 없다!

6가지 안전장치

그렇다면 창의적 자유를 어떻게 보호할 것인가? 6가지 원칙과 실행 방법을 소개하겠다.

긴급하지만 중요하지 않은 일은 무시하고 거절한다

나는 긴급하지만 중요하지 않은 일은 무시하고, 긴급하지는 않지만 중요한 일에 신경 쓰면 만성적 위기에서 벗어나 더 창의적인 일을 할 수 있다는 것을 깨달았다. 관리의 본질은 분주한 일들을 처리하는 것이고 리더십의 본질은 창의성을 발휘하는 것이다.

가장 선망받는 품질관리상으로 꼽히는 데밍상 수상 기업들을 대상으로 실시한 연구에 따르면, 이들의 최고 우선순위는 시간이 지나면서 경제적으로 성장하는 것이었다.

데밍상 수상 기업들이 지닌 차별성은 무엇일까? 이 기업들의 최고경영자들은 자기 시간의 최소 60퍼센트를 진짜 우선순위인 일, 즉 준비와 예방, 미션 설정, 계획, 관계 구축, 창조, 에너지 회복, 권한 부여 등 꼭 긴급하지는 않지만 중요한 일들에 썼다.

반면 다른 기업들의 경영자들은 긴급하지만 중요하지는 않은 일들을 하는 데 시간의 50~60퍼센트를 쓴다. 경영자들에게 요구되는 것과 정반대로 하고 있는 셈이다.

최고의 기업들은 가장 중요한 일들, 중요하지만 꼭 급하지는 않은 일들에 초점을 맞춘다. 이들은 긴급한 일이 중요한 일이라고 정의하지 않는다. 급한 일은 당장 조치가 필요하기 때문에 우리는 이런 일을 중요한 일이라고 생각하는 경향이 있다. 그러나 철학자이자 교육자인 찰스 E. 허멜Charles E. Hummel은 "급한 일은 당장 하지 않으면 안 될 것처럼 간절하게 호소하여 우리 에너지를 잡아먹는다. 하지만 장기적으로 보면 순간적으로 두드러져 보이던 이런 일들의 중요성이 희미해진다. 그러면 우리는 상실감을 느끼고 옆으로 밀어놓았던 정말로 중요한 일들을 떠올린다. 그리고 우리가 급한 일이 휘두르는 횡포의 노예가 되었다는 것을 깨닫는다"라고 말했다.[9]

많은 사람이 내게 "하지만 제 상황을 모르시잖아요. 저한테는 처리해야 하는 일과 책임이 너무 많아요"라고 항변한다. 이런 사람들은 긴급하지만 중요성이 낮고 영향력도 거의 없는 일은 무시해도 된다는 것을 실제로 깨달으면 큰 해방감을 느낀다.

내면에서 열렬하게 원하는 일을 찾는다

당신을 사로잡는 일이 있으면 급하지만 중요하지 않은 일을 거절하기가 훨씬 쉽다. 더 큰 보상을 약속하는 창의적인 일을 하고 싶은 열망이 있으면 덜 중요한 일은 죄책감 없이 쉽게 거절할 수 있다. 다른 사람들이 당신이 처리해주길 바라는 급한 일을 부끄러운 마음 없이 미소 지으며 정중하게 거절할 수 있다.

우리가 학습을 하는 한 가지 목적은 중요한 일과 덜 중요한 일을 구분하기 위해서다. 이를 정확하게 판단하려면 시간 사용에 대한 기준을 세우고 "잠깐만, 몹시 급한 일이긴 하지만 나는 안 할 거야"라고 확실하게 말할 수 있을 정도로 그 기준이 머릿속에 분명하게 새겨져 있어야 한다. 이 원칙이 내 삶에 얼마나 큰 변화를 불러왔는지는 말로 설명할 수 없을 정도다!

당신의 창의적 역량에 대해 상사의 신뢰를 얻는다

창의적인 사람이 되고 싶지만 그럴 자유가 없다고 생각한다면 상사나 그 상사에게 영향을 미치는 사람과 관계를 구축하여 창의적으로 될 자유를 얻는 것이 과제다.

내가 자주 받는 질문이 "자신은 중요하지 않다고 생각하는 일을 상사는 아주 중요하다고 생각하면 어떻게 하나요?"이다. 그러면 나는 **그 사람이 당신에게 중요한 만큼, 혹은 두 사람이 보유한 공동의 목적이 당신에게 중요한 만큼 그가 중요하게 생각하는 일을 당신에게도 중요한 일로 만들어야 한다고 대답한다.** 따라서 당신이 생각하기엔 중요성이 떨어지고 주의를 기울일 가치가 없다고 생각되는 일이라도, 상사가 당신에게 중요한 존재이고 당신이 이루려 하는 목적이 중요한 것이라면 그 일은 당신에게도 중요한 일이 되어야 한다.

이렇게 대답하면 당신은 "하지만 제 상사는 제가 소중한 일을 먼저 하는 걸 돕지 않을 거예요"라고 항변할 것이다. 그럴 때 당신에게 주어지는 창의적 과제는 상사에게 신뢰감을 심어주어 당신이 차츰 더 창의적인

최고 기업의 경영자들은 소중한 일, 즉 중요하지만 당장 급하지는 않은 일에 초점을 맞춘다. 이들은 긴급한 일이 중요한 일이라고 정의하지 않는다.

일을 하도록 허락하게 하는 것이다. 당신의 노력이 조직에 실질적으로 많은 도움이 되면 그 뒤로는 분명 좀 더 자유롭게 일할 수 있다.

창의적 용기와 타인에 대한 배려의 균형을 맞춘다

상당히 정치적인 환경에서 일한다 해도 당신이 확신에 찬 용기를 보여준다면 생각보다 더 많은 자유를 얻을 것이다. "대담함에는 비범한 재능과 마법이 들어 있다"라는 괴테의 말이 이 점을 적절하게 표현해준다. 용기 있게 행동하면 종종 승리를 거둘 수 있다. 다른 사람을 용기 있게 대하지 않으면 주목받지 못하거나 사람들이 당신의 열망과 노력이 얼마나 큰지 느끼지 못해 당신에게 그저 그런 기대밖에 하지 않는다.

당신은 주도적이고 앞장서면서 성숙성도 갖추어야 한다. 나는 성숙성을 '용기와 배려의 균형'이라고 정의하는데, 이 정의는 창의성에도 기가 막히게 들어맞는다. 용기와 배려를 모두 갖춘 사

람은 창의적이다. 에이브러햄 매슬로Abraham Maslow는 저서《동기와 성격Motivation and Personality》에서 자아를 실현하는 사람은 용기와 창의성을 결합한다고 가르쳤다.

매우 독립적이면서도 매우 상호의존적으로 일한다

《성공하는 사람들의 7가지 습관》의 중심에는 '성숙의 연속선Maturity Continuum'이라는 개념이 있다. 성숙의 연속선은 의존적 단계에서 독립적 단계로, 그리고 상호의존적 공존공영 단계로 나아가는 발전 경로를 말한다. 이런 연속선 개념은 창의성에도 적용된다. 창의적인 재능을 보유한 사람이 독립적 단계에서 멈추어버리면 일반적으로 에너지가 일찍 소진되고 만다. 이들은 별똥별처럼 잠깐 빛나다 사라진다. 주위에 공존공영적인 팀을 만들지 못하기 때문에 오랜 시간 버틸 힘이 없다.

나는 공존공영적인 사고방식과 기술이 없으면 창의성 높은 일은 시장의 압력을 견디기 힘들다는 것을 알게 되었다.

뒷받침해주는 사람도, 어려움을 덜어주는 사람도 없고 시너지 효과도 없으면 우리가 가진 강점이 오히려 실패의 원인이 될 수 있다. 우리의 약점이 다른 사람들의 강점으로 덮이지 않아 더 두드러지게 나타나기 때문이다.

당신의 약점을 보완해줄 사람들로 팀을 만들고 당신이 가장 잘하는 일을 하라. 피터 드러커는 "강점을 살려라. 그리고 당신의 약점이 문제가 되지 않도록 조직을 구성하라"라고 말했다.

고정관념에서 벗어나 새로운 시각으로 접근하고 수평적 사고를 한다

에드워드 드보노Edward de Bono가 저서《생각이 솔솔 여섯 색깔 모자Six Thinking Hats》에서 제시한 충고가 당신에게 도움이 될지도 모른다. "한꺼번에 모든 일을 하려고 하지 말고 생각을 정리해서 한 번에 하나의 사고방식으로만 접근하라." 드보노는 비판적이 아니라 창조적으로 사고하려 노력하고, 낙관적이 아니라 논리적으로 생각하라고 조언했다. 드보노가 주장한 수평적 사고란 새로운 아이디어를 떠올리고 생각의 감옥에서 탈출하기 위해 기존의 사고 유형에서 벗어나 새로운 사고 패턴으로 접근하는 것을 말한다. 대성공으로 끝난 로스앤젤레스 올림픽대회의 조직위원장 피터 위버로스Peter Ueberroth는 어떤 도시도 원하지 않던 올림픽경기가 이제는 도시마다 앞다투어 개최하고 싶어 하는 행사로 바뀐 것은 수평적 사고 덕분이었다고 말했다.

주 단위로 계획 세우기

당신의 삶을 돌아보면 소중한 일이 사소한 일에 휘둘리는 경우가 너무 많았고 괜찮은 일에 만족하면 최상의 일을 할 수 없으며 창의적 자유를 거의 누리지 못했음을 깨달을 것이다.

나는 성장과 전진의 주기를 시작해보라고 권한다. 주 단위로 숙고, 계획 수립, 준비, 전념, 예방, 관계 개선 같은 창의적 활동에 중점을 둔 주기를 만들어 생활하라는 뜻이다.

> 당신의 삶을 돌아보면 소중한 일이 사소한 일에 휘둘리는 경우가 너무 많고 괜찮은 일에 만족하면 최상의 일을 할 수 없으며 창의적 자유를 거의 누리지 못했음을 깨달을 것이다. 그 결과는 다음과 같다. 오랜 시간을 낭비하고, 사소한 일을 하느라 삶의 사명을 수행하지 못하고, 자신만이 가진 재능과 소질을 거의 발휘하지 못하고, 자신이 꿈꾸는 창의적인 일을 거의 끝내지 못한다.

나는 고등학교 풋볼팀에서 쿼터백으로 뛰게 된 아들 조슈아를 도우면서 문제 해결에 주력하기보다 창의성을 지향하는 것이 얼마나 중요한지 다시 한번 깨달았다. 문제를 해결하려고 들면 무언가를 없애려고 애쓰게 된다. 그러나 창의적인 태도를 취하면 무언가가 생기게 하려고 애쓴다. 창의적인 태도를 지녀도 어쨌거나 문제는 해결해야 하지만, 다른 마음 상태와 시각으로 더 폭넓게 상황을 이해하며 문제를 풀어나갈 것이다.

나는 아들에게 "시합 전에 머릿속으로 승리를 그려본 뒤 그 상상이 정말로 이루어지도록 능동적인 에너지를 모으고 행여 나타날 수 있는 문제에 대한 걱정은 떨쳐버리면 긍정적인 결과를 얻는 데 더 유리하단다"라고 말해주었다. 조슈아의 경기 모습을 보면서 나는 아들이 이 교훈을 깨달았다고 생각했다. 예를 들어 경기 당일에 날씨가 나쁘면 조슈아는 날씨를 자신에게 유리하게 이용하는 방법을 익혀나갔다. 그리고 자신이 생각한 날씨를 느끼며 경기에 임하고 시합이 잘 풀리도록 하는 방법을 익혀 결국 팀이 주 챔피언 자리에 오르도록 이끌었다.

왜 우리는 문제에 초점을 맞출까?

그렇다면 왜 우리는 사람들, 특히 경영대학원 학생들에게 창의성이 아니라 문제 해결 패러다임을 가르치는 걸까? 나는 문제 제거에 주안점을 맞추는 것이 현 경영교육 프로그램의 큰 결점 중하나라고 생각한다. 하지만 창의성은 측정하기 어렵기에 우리는이런 교육 방식을 고수하고, 그리하여 판도라의 상자가 열린다. 경영대학원 교육은 창의성을 키우는 학문 프로그램의 범위 밖에있는 것으로 여겨진다.

그렇다면 창의성을 지향하는 교육을 받지 않으면서 어떻게 창의력을 얻을 수 있을까? 혹은 잃어버린 어린 시절의 창의력을 되찾을 수 있을까? 나는 우리가 창의적 상상력을 발휘해야 한다고생각한다. 알베르트 아인슈타인은 상상력이 지식보다 중요하고자신의 놀라운 과학적 통찰력이 상상력에서 나온다고 주장했다.

경영과 리더십에 관한 훌륭한 사상들에서 공통으로 하는 이야기가 **사람들은 자신의 삶과 일이 의미 있다고 느끼고 싶어 하고 그렇게 느껴야 한다는 것이다.** 예를 들어 당신이 어떤 사람과의 관계에어려움을 겪고 있다면, 문제를 해결하려고 애쓰지 말고 그 사람을만나 둘이 협력할 수 있는 공동의 비전이나 목적을 생각해보라. 간디의 사례를 살펴보자. 간디는 평생을 열등감과 싸웠고 말이 없었으며 두려움이 많았다. 하지만 불의를 이기기 위해 할 수 있는 일에 대한 비전과 임무가 생기자 모든 약점은 뒷순위 문제가 되었고

> **사람들은 자신의 삶과 일이 의미 있다고 느끼고 싶어 하고 그렇게 느껴야 한다.**

그는 더 상위의 목적을 이루는 데 자신의 강점을 모두 바쳤다. 간디는 공직에 오른 적은 없지만 막대한 권한과 힘, 영향력을 지닌 엄청나게 창의적인 사람이 되었다.

디즈니의 CEO였던 마이클 아이스너Michael Eisner는 많은 회사가 발전 없이 제자리걸음을 하는 주된 이유는 창의성을 지향하는 사람과 상상력을 발휘하며 일하는 사람을 관리하는 방법을 모르기 때문이라고 말한 적이 있다. 내 생각에는 기업이 관리를 통제로 정의한 탓인 듯하다. 창의적인 사람을 통제할 수는 없기 때문이다. 창의적인 사람은 공동의 비전과 목적에 동의하도록 청한 뒤 스스로를 관리하도록 두어야 한다.

제너럴일렉트릭의 전설적인 CEO 잭 웰치Jack Welch는 자신의 주 업무는 사람들의 창의적 에너지를 끌어내는 것이라고 말하곤 했다. 이 교훈은 그가 오랜 시간 힘든 경험을 통해 터득한 것이었다.

내 경우에는 문제 해결에 매달리려는 마음이 들 때마다 걱정이 시작되고 불안과 스트레스가 찾아온다. 또한 분석적으로 생각하기 시작한다. 이런 마음가짐이 될 때면 내가 생각하는 가장 중요한 목표가 시야에서 점차 작아진다. 그러나 낭패스럽게도 문제는 좀처럼 사라지지 않는다. 반면 창의성을 지향하고 중요한 사람들과 공유한 목적을 분명하게 인식할 때면 문제가 자연스럽게 해결되는 것처럼 보인다.

적용 방법과 제안

◆

- 지금 당신이 열렬히 원하고 삶을 지배하는 일이 무엇인가? 중요한 프로젝트일 수도 있고 신경 써야 하는 인간관계나 개인적 목표일 수도 있다. 이 가장 우선순위인 일을 하기 위해 거절해야 할 일은 무엇인가? 그 일을 어떻게 거절할 것인지 적어보고 실천한다.

- 일을 처리하듯 사람을 대해서는 안 된다. 일기에 다음 질문에 대한 답을 적어보라. 당신이 일과 같은 취급을 받은 적이 있는가? 그럴 때 어떤 기분이 들었는가? 그런 관계를 뭐라고 묘사하겠는가? 타인을 사람이 아니라 일로 취급한 적이 있는가? 그 일이 관계에 어떤 영향을 미쳤는가?

- 중요하지만 급하지 않은 활동은 매일 해야 하는 일에 밀려나기 쉽다. 반면 주간 계획을 세우면 좀 더 장기적인 시각이 생기고 자신의 임무, 역할, 목표 안에서 행동하기가 쉬워진다. 아직 주간 계획을 세우지 않고 있다면 다음 주 초에 시간을 내서 우선순위가 가장 높은 중요한 일들을 어떻게 다룰 것인지 계획하고 그 외의 모든 일에 적절한 평가를 내려본다.

제사장과 레위인이 자신에게 처음 던진 질문은
"내가 가던 길을 멈추고 이 사람을 도우면
내게 무슨 일이 일어날까?"였다.
하지만 선한 사마리아인은 질문을 뒤집었다.
"내가 멈춰 서서 돕지 않는다면
이 사람에게 무슨 일이 일어날까?"
– 마틴 루서 킹 주니어

9   네 번째 지렛대 헌신

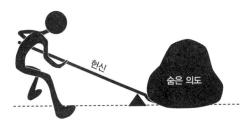

PRIMARY GREATNESS

1차적 강점을 얻으려면 시너지를 내야 한다. 시너지는 모든 사람이 자신이 할 수 있는 최상의 생각을 내놓고 누가 공을 인정받는지는 아무도 신경 쓰지 않을 때 나타나는 기적이다. 1차적 강점은 우리가 혼자일 때보다 함께할 때 더 낫고 어떤 사람도 모든 일을 다 할 수는 없으며 그 누구도 완전히 혼자 힘으로 가치 있는 기여를 한 적이 없다는 원칙에 의지한다. '숨은 의도'를 짊어진 채 전체의 이익을 위해 자신의 자존심이나 야심을 티끌만큼도 희생하려 들지 않는 사람이 많다. 하지만 헌신하는 것이 훨씬 편하고 궁극적으로 모든 사람에게 이익이 되는 길이다.

나는 헌신하려는 마음이 없으면 사람들 사이(예: 교사와 학생, 납품업자와 고객, 부모와 자식)에 긴밀한 유대감이 생길 수 없다는 것을 깨달았다. 이기심을 포기하고 이렇게 말해야 한다.

"나는 마음을 열고 당신 말에 귀를 기울이겠습니다. 그래서 서로에게 이익이 되도록 우리가 함께 할 수 있는 일이 무엇인지 알아볼 것입니다." 이렇게 하려면 어느 정도의 개인적 헌신이 필요하다.

헌신한다는 것은 존중한다는 뜻이다. 가족, 팀, 회사 같은 개체와 유대관계를 맺을 수는 없다. 유대관계는 사람 사이에만 가능하며, 무시할 수도 있을 무언가를 존중하여 헌신할 때 생긴다. 우리가 더 많은 애정과 호의, 예의, 겸손, 인내심, 너그러움을 가지고 다른 사람을 대하면 상대도 그렇게 당신을 대한다. 예를 들어보자. 한 기업의 부사장이 사장과 함께 이집트로 출장을 갔다. 두 사람은 먼지 속에서 몹시 지친 하루를 보냈다. 그런데 다음 날 아침에 부사장이 잠에서 깨보니 사장이 조용히 자신의 구두를 대신 닦고 있는 게 아닌가. 일반적으로 사장이 몰래 할 것이라 예상하지 못하는 행동이었다.

그렇게 조용히 베푸는 도움과 평범한 일들이 사람과 사람을 연결하고 관계란 서로 혜택을 주고받는 것임을 일깨워준다. 그 사장이 출장에서 해야 하는 일과 관련해 무언가를 요청했을 때 부사장은 거절할 수 있을까? 성공적인 관리자는 사람들을 사랑하고, 돌보고, 헌신하고, 봉사하고, 가르치고, 요구를 충족해준다.

헌신만큼 사람들을 결속시키는 것은 없다. 내가 내 자존심을 지키기보다 당신의 요구를 들어주려고 한다면 당신은 '음, 나도 자존심보다 저 사람의 요구를 더 중요하게 여길 거야'라고 생각할 것이다. 그러면 우리는 "서로를 돕기 위해 함께 할 수 있는 일이 뭘까?"라고 묻게 될 것이다.

나는 결혼생활과 가족관계에서 유대감의 본질이 헌신이라고 생각한다. 예를 들어 어느 날 밤 집에 돌아갔더니 딸 제니가 온갖 과제와 기말고사에 짓눌려 엄청난 스트레스를 받고 있었다. 설상가상으로 제니는 파티 준비까지 맡았다. 아내 샌드라는 새벽 2시까지 잠을 자지 않고 제니를 도왔다. 우리 아이들이 엄마와 굉장히 친한 건 그 때문이다. 샌드라는 자신의 저녁 시간 대부분을 아이들에게 바쳤다. 단잠을 희생해 밤늦게까지 아이들을 돕고 아침이면 침대에서 억지로 몸을 일으켜 아이들을 돌보고 요구를 들어주었다. 아이들은 자신이 엄마에게 의지할 수 있다는 것을 잘 알았다.

이 원칙은 어떤 관계에도 적용된다. 업무에서도 마찬가지다. 1차적 강점을 얻는 데는 협력이 중요하다. 협력할 마음이 없고 자신이 낸 아이디어에 대한 자존심이나 자신의 이미지를 포기하려 하지 않으면 계속 늘어나는 시장의 요구를 충족시키지 못할 것이다.

예전의 서비스 수준으로는 미래의 요구에 부응하지 못한다. 새로운 수준으로 권한 부여가 이루어져야 하고 이를 위해서는 협력이 필요하다.

- 공급업체, 유통업체, 고객과 두루두루 협력해야 한다. 모든 이해당사자와의 탄탄한 협력관계가 필요하다.
- 여러 업무에 걸쳐 기업들과 협력해야 한다. 하지만 내부적 경쟁과 비교를 조장하는 통일되지 않은 구조와 시스템 탓에 이런 협력이 좀처럼 이루어지지 않는다.
- 여러 사업영역에 걸쳐 협력해야 한다. 업무뿐 아니라 사업영 역을 넘어 소통할 때 시너지 효과를 낼 수 있다.

우리 산업의 전문적 수준을 높이고 대중의 인식을 끌어올리려 면 현재의 경쟁자 및 잠재적 경쟁자들과의 협력이 필요하다. 부 동산업계의 공동중개 서비스나 항공업계의 예약시스템은 고객 을 위해 경쟁사들이 협력하는 전형적인 사례다. 다른 직종에서도 이렇게 협력하는 법을 배워야 한다. 파이의 크기를 키우지 않으 면 단지 서로의 파이를 베어 무는 정도가 아니라 그 누구도 파이 를 먹지 못하게 될 것이다.

이런 협력관계를 맺으려면 상호의존적 공영성을 지향하는 새 로운 사고방식과 일련의 기술이 필요하다. 공영성 교육을 받아본 사람은 드물다. 거의 모든 훈련이 우리를 독립적으로 만드는 데 초점이 맞추어져 있기 때문이다. 하지만 상호의존적인 협력관계 를 구축하고자 사람들에게 독립적인 사고방식과 기술을 훈련하 는 건 테니스 라켓으로 골프를 치거나 골프채로 테니스를 치려는 것이나 마찬가지다.

남아프리카공화국의 사례

나는 남아프리카공화국을 여러 차례 방문했다. 과거에 이 나라
는 심각한 분열을 겪었다. 몇십 년 전까지 독점과 과두제가 지배
하는 폐쇄경제 체제를 유지하며 세계경제의 요구에 부응하지 않
았다. 폐쇄경제 체제에서 아파르트헤이트(인종차별 정책)와 백인우
월주의가 활개를 치자 사람들은 자신의 삶을 어떻게 영위할 것인
지에 대한 선택권이 거의 없었다.

하지만 지금은 개방경제 체제로 돌아서고 새로운 헌법과 정부
가 세워지면서 모든 사람이 헌신을 요구받는다. 1990년대 중반
에 변화가 시작된 이래 이러한 과정이 계속 진행되었고 어떤 결
말을 맞을지는 아직 불투명하다.

이러한 역사적 전환기에 고故 프레데리크 빌렘 데클레르크 대
통령은 실용적 관점과 윤리적 관점을 모두 고려해 자신의 미래를
결정해야 하는 삶의 위기에 처했다. 다행히도 데클레르크는 실용
주의자였다. 그는 권력을 포기하고 만인의 인권을 보존하는 헌법
제정을 추진해야 한다는 것을 알고 있었다. 또한 양심의 소리에
귀를 기울여 도덕적 관점에서도 이 입장을 받아들이기에 이르
렀다.

하지만 이런 판단에는 고故 넬슨 만델라가 촉매 역할을 했다.
만델라는 고국에 극적인 변화를 불러일으키기 위해 27년을 감옥
에서 보내는 헌신을 했다. 그는 감옥생활을 하는 동안 매우 겸손

해져서 화해, 지혜, 중용의 정신으로 자신을 쇄신하여 출옥했다. 감옥에서 오랜 세월을 보내는 동안 만델라는 차츰 교도관들을 경멸하지 않게 되었다. 실제로 남아프리카공화국의 대통령으로 당선되었을 때 그는 교도관들을 취임식에 초대했다.

만델라는 원칙을 중심으로 살았다. 그는 탄압받던 사람들의 하늘을 찌를 듯 높은 희망과 기대, 그리고 탄압하던 사람들의 공포와 불안 사이에서 아슬아슬한 줄타기를 하며 책임감 있는 중도 노선을 걸어야 한다는 것을 잘 알고 있었다. 한편 데클레르크는 공개적으로 만델라의 손을 잡기 위해 오랜 불신과 편견을 극복해야 했다. 그리하여 두 사람은 모든 국민을 동등하게 대변하려고 노력하는 혁신적이고 새로운 남아프리카공화국을 함께 만들어냈다.

만델라와 데클레르크는 자기희생적 리더십의 전형을 보여준다. 남아프리카공화국에서 두 사람이 이렇게 해낼 수 있었다면, 당신은 조직에서 무엇을 할 수 있을지 생각해보라!

숨은 의도 없이 정직하게

팀이나 서로 협력해야 하는 상호의존적 활동에 운명을 걸어야 할 때면 당신은 항상 위험하고 취약한 처지가 된다. 이럴 때는 어떤 결과가 될지 확신할 순 없지만 소신 있게 숨은 의도 없이 솔직하고 정직하게 소통하기 시작해야 한다.

사람들은 이 말을 많은 헌신을 하라는 뜻으로 받아들인다. 상처받은 적이 있는 사람은 옛 상처에 매달리기 쉽다. 정치적인 조직에서 이런 사람들은 마음을 열지 않고 겉과 속이 다르거나 교묘한 조종에 능해지는 경향이 있다. 그리고 뒤에서 남들 흉을 본다.

사람이나 상황을 교묘하게 조종하는 행태가 너무 널리 퍼져 있어서 이런 나쁜 짓을 하지 않는 것을 진짜 헌신으로 생각하는 사람이 많다. 개인의 헌신이 없다면 변화를 일으키는 협력관계가 아니라 업무 연계 정도만 이룰 수 있다.

내가 남아프리카공화국에 관해 했던 말은 회사나 개인에게도 어느 정도 적용된다. 헌신이 없으면 변하지 못할 것이다. 단순한 업무 연계에 그칠지, 변화를 이룰지를 결정하는 것은 개인의 헌신이다.

최고의 리더는 사람과 조직을 위해 자존심을 버린다. 팀원과 함께 효과적으로 일하려면 자존심을 단념하고 겸손해지려고 노력해야 한다. 이기심의 희생, 이것이 오늘날 많은 직장인에게 요구되는 헌신의 본질이다. 우리는 서로를 존중하는 마음으로 관계를 맺어야 한다.

벤저민 프랭클린은 겸손해지려고 노력할 때 사람들에게 퉁명스럽게 대하지 않고 의견을 존중하는 것을 '규칙으로 삼았다.' 또한 자신의 의견을 너무 '독단적으로' 밀어붙이지 않으려고 조심했다. 나이가 들었을 때 프랭클린은 이렇게 썼다.

"지난 50년 동안 어떤 사람도 내게서 독단적인 표현을 들은 적이 없다."

프랭클린은 그 덕분에 타인에 대한 영향력을 높일 수 있었다고 한다.[10] "내가 옳아요. 누구든 내 생각에 동의하지 않는 사람은 틀린 거예요"와 같은 말이 독단적 표현일 수 있다.

변화를 일으키는 협력관계를 맺는 열쇠는 구식 사고방식과 기술에서 벗어나 상호의존적 공영성이라는 새로운 사고방식과 시너지 효과를 내는 기술을 익히고, 먼저 상대를 이해하려고 노력하는 한편 항상 서로에게 이익이 되는 방법을 찾는 것이다.

사람들이 공동의 비전을 실현하려면 감정적으로 안정되어야 한다. 퍼즐 맞추기를 할 때는 모든 사람의 머릿속에 동일한 완성본이 그려져 있어야 한다. 그런데 대부분 조직에서는 사람들의 머릿속에 최종 그림이 없고 저마다 다른 그림을 생각한다. 그리고 누구나 어떤 식으로든 일을 해야 하기 때문에 잘못된 정보를 이용하거나 아예 정보가 없는 상태로 일한다. 그래서 퍼즐의 한 부분은 완성시킬지 몰라도 다른 부분들과 맞아떨어지게 하지는 못한다.

팀을 위해 헌신하기

모든 팀원은 자신의 불완전한 패러다임을 버리고 정북향 원칙에 맞추는 법을 배워야 한다. 소중하게 지켜오던 사고방식을 단

넘하기란 종종 그 무엇보다 힘들고 겸손이 필요한 일이다. "나는 내 이익을 위해 여기에 있다. 내가 이 문제를 쥐고 흔들 것이다"라는 사고가 기존의 사고방식이기 때문이다. 이런 마음가짐은 오만으로 이어진다. 오만은 추락 전에 나타나는 일종의 자만심이다. 겸손한 사람은 "내가 아니라 궁극적으로 원칙이 지배하고 통제한다"라고 말한다.

팀이나 서로 협력해야 하는 상호의존적 활동에 운명을 걸어야 할 때면 당신은 항상 위험하고 취약한 처지가 된다. 이럴 때는 어떤 결과가 될지 확신할 순 없지만 소신 있게 숨은 의도 없이 솔직하고 정직하게 소통하기 시작해야 한다.

팀이 함께 일할 때는 효과적인 원칙들을 알고 활용해야 한다.

팀원은 풍요의 사고를 하는 진실한 사람이어야 한다. 풍요의 사고를 하는 사람은 내면에서 마음의 안정을 얻기에 끊임없이 다른 사람들과 경쟁하거나 비교하지 않는다.

팀원은 모든 패러다임에 기꺼이 이의를 제기해야 한다. 생산적인 습관이 아니라면 버려야 한다.

몸에 밴 습관적인 사고방식을 버리기 위해서는 엄청난 용기와 깊은 자기 성찰이 필요하다. 자신의 사고를 직시하고 오래된 습관을 새로운 습관으로 바꾸어야 할 때 우리는 두려움을 느낀다. 기존의 패러다임 안에서 일하면 편하다. 하지만 현재의 팀은 그 패러다임을 수면으로 끌어올려 근본적 가정과 동기를 확인하고 "이 패러다임이 여전히 적절한가?"라는 의문을 제기해보아야 한다.

또한 "승-승이 아니면 함께 일하지 않는다"라는 태도여야 한다. 시너지는 단순히 힘을 합치는 것을 넘어 더 나은 솔루션을 만들어낸다. 시너지를 창출하려면 다른 사람의 말에 공감하며 귀를 기울이고 용기 있게 자신의 견해와 의견을 표현해야 한다. 시너지 성과는 진정한 상호작용에서 나타난다.

팀원은 신뢰할 만한 사람이 되어야 한다. 진짜 원칙들을 지키지 않는 사람이 신뢰를 받을 수는 없다. 원칙 중심으로 살면 권력과 통제권을 움켜쥐려는 생각을 버리고, 사람을 목적을 위한 수단으로 다루지 않는 좋은 성품을 갖게 된다.

권력을 얻는 새로운 방법

오늘날의 팀 리더는 새로운 방법으로 권력을 얻어야 한다. 예전과 달리 지위가 아니라 설득력에서, 매력이 아니라 성품에서, 통제가 아니라 봉사와 헌신에서, 자존심이 아니라 겸손에서, 자격증이 아니라 지속적 학습과 발전에서 리더의 권력이 나오기 때문이다.

리더는 성품이 바탕이 된 4가지 방법으로 권력을 얻어야 한다. 그 방법은 아래와 같다.

자아의식, 상상력, 독립 의지, 양심을 현명하게 발휘한다

이 4가지 천부적 능력을 발휘하지 않으면 팀의 노력이 결국 지지부진하게 끝날 것이다. 이 능력들을 책임감 있게 활용하지 못하도록 방해하는 패러다임이 있다면 팀 리더가 문제를 제기해야 한다.

꼭 급하지는 않지만 중요한 일에 더 오랜 시간을 쓴다

앞에서 언급한 것처럼, 데밍상 수상 기업을 조사하면서 우리는 이들 기업의 임원들이 중요하지만 급하진 않은 일(비전과 사명 개발, 방향 설정, 에너지 회복 등)을 하는 데 시간의 60퍼센트를 쓴다는 것을 발견했다.

지속적으로 학습하고 개선하고 발전한다

팀 리더들은 주기적으로 성과를 평가하고 피드백을 받고 필요에 따라 수정과 개선 작업을 해야 한다.

승-승 관계와 협력관계의 네트워크를 구축한다

겸손과 헌신이 있으면 우리는 자연스럽게 인간관계를 발전시키고 탄탄한 협력관계를 구축한다. 그러면서 모든 인간관계에 협동심, 협력관계, 시너지를 일으키는 협조, 상호의존적 공영성이 나타난다.

겸손하지 않으면 헌신하지 않는다. 우리는 상황에 따라 어쩔

수 없이 겸손해질 수도 있고, 궁극적으로 원칙들이 지배한다는
것을 깨닫게 되어 스스로의 선택으로 겸손해질 수도 있다.

이유가 뭐건 겸손해지는 것은 바람직한 일이다. 하지만 상황이
아니라 자신의 양심에 따라 겸손해지는 편이 더 낫다.

적용 방법과 제안

◆

- 팀 안에서 사람들과 함께 효과적으로 일하려면 자존심을 단념하고 겸손해
  지려 노력해야 한다. 당신의 이기심이 팀의 발전에 어떤 식으로 방해가 되
  는가? 그런 방해를 없애겠다고 결심하라. 그렇게 했을 때 어떤 일이 일어
  나는가?

- 대부분 사람은 기존의 패러다임 안에서 일한다. 당신이나 팀 혹은 가족을
  지배하는 패러다임들에서 당신에게 불리하게 작용할 수 있는 것은 무엇인
  가? 용기를 내어 그 패러다임들을 수면으로 끌어올려 근본적인 가정과 동
  기를 확인하고 "이 패러다임이 여전히 적절한가?"라고 의문을 제기한다.
  그리고 더 나은 결과를 얻으려면 어떤 패러다임들을 버려야 할지 검토하
  고 그것을 일기에 기록한다.

- 다른 사람에게 시너지 개념을 설명한 뒤 이 개념을 당신에게 다시 설명해
  보도록 한다. 이 활동에서 무엇을 배웠는가?

- 개인을 변화시키는 주요한 동기는 고통이다. 힘들 때면 겸손해지고 개인적
  헌신을 하려는 마음가짐이 더욱 커져서 원칙 중심의 변화를 이루기가 더
  쉽다. 삶이나 직업에서 당신을 힘들게 하는 부분과 그 원인은 무엇인가?
  효과적인 원칙들을 더 잘 지키면서 살고 고통을 줄이기 위해 당신이 할 수
  있는 조치들을 적어본다.

삶이 끝날 때 우리를 심판하는 기준은 졸업장을 몇 장 받았고
돈을 얼마나 벌었으며 훌륭한 일을 얼마나 많이 했는지가 아니다.
"내가 주릴 때 너희가 먹을 것을 주었고 헐벗었을 때 옷을 입혔고
나그네 되었을 때 영접하였다"가 우리를 판단하는 기준이 될 것이다.
– 마더 테레사

다섯 번째 지렛대 봉사

사람을 대할 때는 사소한 일이 중요한 일이다. 봉사라는 원칙은 매우 개인적이다. 봉사는 자신을 베푸는 것이다. 개인적인 따뜻한 교감은 90퍼센트의 사람에게 중요하게 작용하고 10퍼센트의 사람에게는 큰 힘을 준다. 이기심은 우리 삶에 가장 무거운 부담을 주는 반면 다른 사람들에 대한 봉사, 즉 다른 사람들의 짐을 덜어주는 것은 1차적 강점의 정수다. 2차적 강점은 봉사와 아무 상관이 없다.

배우인 내 친구가 뉴욕의 극장에서 친한 동료가 공연하는 모습을 지켜보고 있었다. 그러다 그가 관객과 소통하지 못하고 있다는 것을 알아차린 친구는 동료에게 메시지를 전하려고 오케스트라석에 들어갔다.

연극 내용을 잘 알고 있던 친구는 동료가 언제 무대의 어디에 있을지 정확하게 알았다. 그 동료가 오케스트라석에서 30센티미터 정도밖에 떨어지지 않은 곳에 서 있던 어떤 장면에서, 친구는 그 짧은 기회를 이용해 그에게 메시지를 전했다.

이윽고 동료가 그 자리에 서자 친구는 고개를 들어 눈을 마주친 뒤 딱 세 마디를 했다. "나한테 말을 해." 동료는 대번에 그 메시지를 이해했다. 그는 따분해하는 관객에게 말하고 있었던 것이다. 그에게는 관객의 표정이 보이지 않았다. 관객은 얼굴 없고 특징 없는 존재가 되어 있었다. 그래서 친구가 "나한테 말을 해"라고 신호를 보내자 동료는 관객을 감정과 생각을 가진 개개인, 중요한 누군가로 대하라는 뜻임을 알아차렸다.

무대의 조명이 강해서 관객이 거의 보이지 않았지만, 곧 그 동료는 한 사람, 한 사람을 상대로 연기하기 시작했다. 몇몇 관객의 얼굴이 보였고 그는 본질적으로 한 사람에게 말을 했다. 그는 이내 관객을 사로잡았다. 그가 관객과 소통할 수 있었던 것은 한 사람을 대하듯 많은 사람을 대했기 때문이다.

이름의 중요성

대학에서 가르칠 때, 학기 말에 강의가 끝난 뒤 한 학생이 찾아와 내가 알려준 내용에 감사를 표했다. 550명이 수강한 대규모 강좌였는데, 그 학생이 이렇게 말하는 게 아닌가. "교수님이 이 분야에서 이루신 업적과 해박한 지식을 존경합니다. 그런데 코비 교수님, 교수님은 제 이름조차 모르고 계세요."

그 말은 "나는 당신이 얼마나 내게 신경 써주는지 알기 전까지는 당신이 얼마나 아는 게 많은지 신경 쓰지 않는다"라는 오래된 진실을 한 번 더 확인시켜주었다.

또 다른 사례를 얘기하자면, 최근에 나는 한 대규모 그룹을 상대로 슬라이드를 넘기며 강의하고 있었다. 나는 조수에게 "자, 이제 이 슬라이드를 봅시다. 이제 다음 슬라이드를 봅시다"라고 요청했다. 그런데 나중에 청중 가운데 한 명이 내게 편지를 보냈다. 그 편지에는 "저는 오후 내내 강의를 들었는데, 선생님은 한 번도 '부탁할게요'라거나 '고마워요'라는 말을 하지 않으셨어요"라고 적혀 있었다.

나는 내 말투가 친절했다고 생각했다. 소리를 지르면서 명령조로 이야기하지도 않았다. 그러나 나는 예의 바르게 말하지 못했고, 편지를 보낸 이에게 내가 전한 것은 강의 내용이 아니라 당연한 예의와 존중심이 부족한 사람이라는 느낌이었다.

그 피드백은 개인적인 따뜻한 교감이 90퍼센트의 사람에게 중요하게 작용하고 10퍼센트의 사람에게는 큰 힘을 준다는 점을 알려주었다.

유명한 프로 운동선수인 한 친구가 시즌이 아닐 때 교회의 네 살짜리 아이들을 가르쳤다. 친구는 그 아이들을 몹시 사랑했다. 아이들 모두의 이름을 알았고 이름으로 그들을 불렀다. 그는 아이들 저마다의 장점과 가치를 확신했다. 모든 아이에게 특별한 관심을 기울였고 시간을 들여 응대했다. 그러자 아이들은 무슨 일이 있어도 수업에 빠지지 않았으며, 내 친구에게 매달리고 무릎에 앉고 싶어 했다. 모든 아이가 소중했기에 친구는 한 명, 한 명에게 관심을 쏟았다.

우리 고객도 이 아이들과 다르지 않다. 고객은 자신의 이름으로 불리길 원한다. 영업사원이 자신에게 정말로 신경 써주길 원한다. 이렇게 하면 큰 차이가 나타난다. 실제로 종종 여기에 따라 계약이 성사되느냐, 깨지느냐가 결정된다. 사람에게는 사소한 일이 중요한 일이다.

왜 한 명에게 신경 쓰는 것이 효과가 있는가?

왜 이 원칙, "한 사람을 대하듯 많은 사람을 대하라"가 그렇게 중요할까?

왜 이렇게 하면 사람들의 마음이 열리고 기회가 생길까? 내 생각에는 인간 영혼의 존중받고 싶은 굶주린 욕구가 인정받고, 평가받고, 이해받았기 때문으로 보인다. 타인이라는 존재를 인정하고 그들의 마음을 움직이려는 노력은 "당신은 중요합니다. 당신은 가치 있는 사람입니다. 당신만이 가진 장점이 있습니다. 나는 당신을 다른 누구와도 비교하지 않습니다. 당신은 소중한 존재입니다. 그리고 당신 마음속에 이런 메시지가 전해진다면 내가 당신의 영혼 속에 들어갔다는 걸 알고 있습니다"라고 말하는 것과 같다.

인간 영혼의 존중받고 싶은 굶주린 욕구가 이해받고 평가받고 이해받았기 때문으로 보인다.

고객 입장에서 나는 일선의 서비스 제공자가 내 주문을 받거나 요구를 처리하는 짧은 몇 초 동안 그 사람이 현재에 완전히 충실한지 알아차릴 수 있다. 그가 완전히 현재에 충실하다면 정말로 고객에게 신경 쓰고 있다는 걸 느낄 수 있다.

한 사람, 한 사람에게 신경을 쓰면 효과가 있다. 일이 아니라 사람에게, 스케줄이 아니라 관계에, 효율성이 아니라 효과성에, 자원 관리가 아니라 개인의 리더십에 초점을 맞춘 패러다임이기 때문이다.

사람에게 신경 쓰는 조직문화에서 일하면 놀라운 차이를 느낄 수 있다. 예를 들어 내 딸 제니가 우리 회사의 고객서비스 부문에서 일하기 시작했을 때였다. 6주간의 훈련이 끝난 뒤 제니가 내게 말했다. "아빠, 이 훈련이 끝나서 아쉬워요." 내가 이유를 물었더니 딸은 "다른 팀원들이 몹시 그리울 거예요"라고 대답했다. 다시 이유를 묻자 딸의 대답은 이러했다. "우리는 팀이에요. 실수를 하더라도 팀의 실수로 생각되고 모든 사람이 와서 돕죠. 우리

팀의 리더는 상사가 아니라 섬기는 리더servant leader*예요. 그들이 우리에게 신경 쓰는 모습을 보면 우리가 고객을 어떻게 대해야 하는지 알 수 있어요."

그리고 이렇게 말을 이었다. "통화만 하고 한 번도 만난 적이 없는데도 많은 고객과 좋은 관계가 되었어요. 그들은 친구로서 제게 전화를 걸고 편지를 보내요. 그중에는 얘기를 나눈 적이 한 번밖에 없는 사람도 있지만 그런 분들도 주문 전화를 걸어서 제게 무엇을 추천할지 물어봐요." 제니는 자신이 서비스팀의 일원으로서 어떻게 대우받고 자신이 고객을 어떻게 대하는지와 고객이 자신을 어떻게 대하는지 사이에 직접적인 상관관계가 있음을 알게 되었다.

고객에게 관심을 기울이도록 하는 3가지 방법

그렇다면 어떻게 각 고객에게 이런 관심을 기울이게 할 수 있을까? 내가 생각하기에는 3가지 방법이 있다. 바로 이런 태도를 가진 사람을 채용하거나 이를 훈련하거나 조직문화에서 육성하는 것이다.

---

* 구성원에 대해 일종의 하인 역할을 주창하며 그들이 잠재력을 발휘하도록 이끄는 리더.

채용

한 대형 항공사는 입사 희망자를 평가할 때 지원자들을 방으로 불러 각자 프레젠테이션을 해보라고 한다. 모두가 회사 관계자가 프레젠테이션하는 사람을 평가하고 있다고 생각하지만 그렇지 않다. 이들이 평가하는 것은 프레젠테이션을 지켜보는 청중이다. 청중이 프레젠테이션을 경청하면서 지지를 보내고 관심을 기울이는 것처럼 보이면 회사 측은 그 지원자가 천성적으로 타인에게 마음을 쓰는 능력이나 기질을 보유하고 있다고 판단한다. 청중 가운데 누군가가 프레젠테이션을 하느라 애쓰고 있는 지원자에게 전혀 인간적인 친밀감을 나타내지 않은 채 완전히 자신에게만 정신이 팔려 있거나 따분해한다면 매우 좋지 않은 신호로 해석한다.

훈련

어떤 조직의 임원은 선천적으로 협업 능력이 좋은 사람이 누구인지 알고 싶으면 각 팀에 과제를 내주고 마감일을 빠듯하게 정해놓는다. 타인의 전문지식이 꼭 필요한 복잡하고 어려운 과제다. 그러면 타고난 성향과 기질이 곧 드러난다. 팀 플레이어가 아닌 사람은 곧바로 주도권을 잡으려고 한다. 이들은 사람들을 무시하거나 깎아내리며 무례하게 굴지만 매우 과업 지향적이다. 반면 관계 지향적이지만 과제에 대한 이해가 없는 사람도 있는데, 이들은 어떤 일도 완수하지 못한다.

이 과제의 반전은 각 개인의 협업 능력을 평가하는 사람이 바로 자기 팀의 팀원이라는 것이다. 사람들은 마지막에 이 사실을 알고 "세상에, 내가 팀원들을 이렇게 대했다니"라고 깨달으며 깜짝 놀란다.

육성

서비스 윤리를 갖춘 사람을 채용하고 훈련할 수도 있지만 이를 육성하는 가장 효과적인 방법은 문화 자체에 강한 사회적 규범을 발달시키는 것이다. 사람들이 우리가 서로를 이렇게 대한다는 것을 알기 시작하면 그 조직은 경쟁에서 지속적인 우위를 얻을 수 있다.

섬기는 리더십 정신을 함양하면 친절하고 남을 존중하고 배려하라고 가르칠 것이다. 그런데 본래 그렇지 않은 사람들이 있다.

나는 리츠칼튼의 인사 책임자를 만난 적이 있다. 이 회사의 모토는 "우리는 신사 숙녀들을 모시는 신사 숙녀다"이다. 나는 "이 모토와 존중의 문화가 개인생활이나 가족생활에도 영향을 미쳤습니까?"라고 물어보았다.

그러자 그녀는 "물론입니다. 저는 직장 안과 밖이 정반대였어요. 매우 어려운 환경에서 자랐고, 입양된 집에서 학대당하고 맞으면서 컸지요. 저는 다른 상황들을 왔다 갔다 했어요. 그리고 생존을 위한 사고방식을 발달시켰죠. 마음속으로는 화가 나고 냉소적이지만 회사 사람과 고객에게는 친절하게 대하려고 인간관계

기법을 사용했어요. 하지만 직장이 아닌 곳에서 누군가에게 화가 나면 제 좌절감을 그 사람한테 퍼부었어요"라고 대답했다.

나는 그녀에게 "밖으로 표현되지 않은 감정은 절대 사라지지 않아요. 산 채로 묻혀 있다가 나중에 더 흉한 방식으로 튀어나오는 법이죠"라고 상기시켰다.

그녀는 "제 경우에는 그런 감정이 사랑하는 사람들에게 끊임없이 튀어나왔어요. 이곳에서 일하기 전까진 말이에요"라고 대답했다.

나는 어떻게 달라졌는지 물어보았다.

"이 회사에서 일하니 제2의 가족과 어린 시절을 얻은 것 같았어요. 이곳 사람들이 제게 본보기가 되었죠. 이제 저는 제 어린 시절을 다른 식으로 보고 대해요. 지금은 제가 어떤 특별한 일을 해내는 것보다 집에서 행복한 감정과 분위기를 만들어내는 데 더 관심이 많아요."

같은 조직이지만 다른 호텔에서 일하는 한 남성도 본질적으로 같은 이야기를 했다. "저는 이 문화가 정말 매력적이어서(가족과 같죠) 휴가를 가면 로비에 앉아 호텔 직원이 고객과 상호작용 하는 모습을 지켜보는 걸 좋아해요. 사람들이 서로를 대할 때의 그 다정함이 정말 좋아요."

우리 사회에서는 이런 공손함과 정중함이 약해지고 냉소주의와 사람을 교묘히 조종하려는 태도가 만연하다. 고급 호텔에서도 진짜 정중함을 기대하기 어렵다. 돈을 쓴다고 정중함이 보장되는 건 아니다. 실제로 돈은 그저 팁을 얻으려고 인간관계 기술로 고객을 구워삶는 서비스 제공자에게 엘리트 의식을 불러일으킬 수도 있다.

최근에 나는 비행기에서 어떤 임산부가 한 팔에는 아이를 안고 다른 팔에는 커다란 가방을 들고 탑승하는 모습을 보았다. 이 여성이 지나갈 때 승무원 두 사람이 가까이에서 이야기를 나누고 있었다. 내가 일어서서 "도와드릴게요"라고 말했고, 우리가 가방을 짐 보관함에 넣느라 낑낑대는 동안 승무원들은 그저 쳐다보기만 했다. 어쩌면 승무원들의 업무 목록에는 포함되지 않은 일이었을 수도 있지만, 직업정신이 있는 사람이라면 도왔을 것이다. 아마 그 승무원들은 회사에서 자신이 고객에게 한 것과 똑같은 취급을 받을 테고 이들의 불만은 무시당할 것이다.

아들이 처음 스키 리프트를 타던 날이었다. 아들이 리프트를 무서워해서 "걱정 마. 속도를 늦춰달라고 부탁해볼게"라고 달래며 용기를 북돋아주어야 했다.

리프트에 가까이 갔을 때 나는 직원에게 "속도를 늦추어줄 수 있나요? 제 아들 녀석이 리프트를 타는 게 처음이어서요"라고 부탁했다.

그러자 직원은 얼굴을 찌푸리더니(사실 넌더리가 난다는 표정이었다) 냉소적으로 대꾸했다. "음, 해보죠." 바로 그 순간에 내 아들은 스키에 흥미를 잃어버렸다.

사람은 취약한 처지에 있을 때, 누군가의 목소리에 아주 미미하게 드러나는 성향이나 어감에도 상처를 받을 수 있다. 아이들에게는 그런 육감이 있다. 그래서 다른 사람의 냉소적인 태도에 상처받고 그런 낌새를 즉각 알아차린다. 그 때문에 아들의 스키 인생은 거기에서 끝이 났다.

아마 그 직원이 상사에게 가서 "가족 모임 때문에 하루 일을 빠져도 될까요?"라고 물어보면 같은 취급을 받을 것이다. 아마도 상사는 매몰찬 어조로 "대체 당신이 뭐라고 생각하는 거요? 그날 일하기로 되어 있잖소?"라고 대꾸할 것이다. 그리고 아마 그 상사도 변덕스럽고 제멋대로인 자신의 상사에게서 똑같은 취급을 받을 것이다.

나이가 들수록 나는 직원이 어떤 대우를 받는지와 이들이 고객을 어떻게 대하는지 사이의 상관관계가 더 분명하게 보인다. 둘 사이에는 연쇄반응이 나타난다.

물론 우리가 반사적 행동을 할 필요는 없다. 그런 상황에서 감정을 상하지 않는 법을 배울 수도 있다. 근본적인 원칙들을 지켜 내면으로부터 마음을 안정시키면 사랑받지 않아도 사랑하고 자신에게 친절하지 않은 사람에게도 친절히 대하고 짜증을 부리는 사람에게도 참을성 있게 대할 수 있다.

화를 참고 한층 더 노력하여 섬기는 리더가 되는 능력은 우리가 이루려 노력하고 있는 것에 대한 깊은 통찰력에서 나온다. 우리는 자신이 무엇을 추구하는지 알고 있다. 위대한 것을 추구하는 사람은 타인에게서 위대함을 보는 경향이 있다. 그리고 생각

나이가 들수록 나는 직원이 어떤 대우를 받는지와 이들이 고객을 어떻게 대하는지 사이의 상관관계가 더 분명하게 보인다. 둘 사이에는 연쇄반응이 나타난다.

을 나눌 용기가 있는 사람에게서 피드백을 얻길 원한다. 피드백을 주는 사람에게 화내는 대신 감사를 표하고 겸손하게 사과하며 "그 점은 고치고 개선해야겠네요"라고 말한다. 이렇게 행동하면 그 사람에게는 더 정중하게 대하고 싶은 마음이 생긴다.

적용 방법과 제안

◆

- "당신은 중요합니다. 당신은 가치 있는 사람입니다. 당신만이 가진 장점이 있습니다. 나는 당신을 다른 누구와도 비교하지 않습니다. 당신은 소중한 존재입니다. 그리고 당신 마음속에 이런 메시지가 전해진다면 내가 당신의 영혼 속에 들어갔다는 걸 알고 있습니다." 누군가와 이런 수준의 관계를 맺은 적이 있는가? 당신은 누구와 이런 유형의 관계를 발전시킬 수 있을까? 이런 관계를 맺기 위해 해야 하는 한두 단계를 적어본다.

- 직원이 어떤 대우를 받는지와 이들이 고객을 어떻게 대하는지 사이에는 상관관계가 존재한다. 둘 사이에는 연쇄반응이 나타난다. 당신은 어떤 연쇄반응을 보이고 있는가? 약하거나 문제가 있는 부분이 있는가? 당신과 동료의 관계를 돈독하게 하기 위해 오늘 당장 할 수 있는 일이 무엇인가?

- 감정을 상하지 않는 법, 스스로를 소외시키지 않는 법을 배워야 한다. 어떻게 배울까? 근본적인 원칙들을 지켜 내면으로부터 마음을 안정시키면, 사랑받지 않아도 사랑하고 자신에게 친절하지 않은 사람에게도 친절히 대하고 짜증을 부리는 사람에게도 참을성 있게 대할 수 있다. 앞으로 불쾌하거나 무시당하는 느낌을 받는 때가 있다면 인내심을 발휘해보라. 그렇게 하니 당신의 태도에 어떤 변화가 나타나는가?

한 사람의 성격을 최종적으로 형성하는 것은
자기 자신이다.
− 안네 프랑크

11 　　　　　　　여섯 번째 지렛대 **책임감**

책임감

피해의식

PRIMARY GREATNESS

1차적 강점에는 책임감이 필수적이다. 잘된 일들에 책임을 지는 건 쉽지만 상황이 좋지 않을 때 책임지겠다고 나서기는 어렵다. 자기 삶에 대한 책임을 대수롭지 않게 여기고 자신의 상황에서 환경이나 타인을 탓하는 사람은 어떤 일에서든 피해자인 것처럼 군다. 1차적 강점을 실천하는 사람은 삶의 질이 타인의 선택이나 환경이 아니라 스스로의 선택으로 결정된다는 것을 안다.

한 임원이 내게 이런 고민을 털어놓은 적이 있다. "제 가장 큰 걱정거리이자 관심사는 회사에서는 가장 창의적인 직원 그리고 집에서는 10대 아들과 사이가 나쁘다는 겁니다. 예전에 저는 화가 나서 이성을 잃고 그들에게 고함을 질러댔어요. 어떻게 이런 관계를 개선하고 그들이 제게 가진 이미지를 바꿀 수 있을까요?"

다행히 상황이 절망적이지는 않았다. 나빠진 관계를 치유하고 감정은행 계좌의 잔고를 회복하고 다시 긍정적인 영향력을 행사할 효과적인 방법이 몇 가지 있었다.

한 푼도 남김없이 다 갚기

우리는 종종 감정이 상하고 다른 사람의 감정을 상하게 하기도 한다. 그런데 양쪽 다 겸손하게 자기 몫의 책임을 모두 지는 대신 스스로를 합리화하고 정당화하면서 상대에 대한 자신의 판단을 뒷받침할 증거를 찾느라 바쁘다. 그러면 원래의 문제가 더 악화될 뿐이고, 결과적으로 두 사람은 서로를 정신적·감정적 감옥에 가둬버린다.

당신은 '파딩farthing을 전부 낼 때'까지 그 감옥에서 빠져나올 수 없다. 파딩은 0.25페니에 해당하는 영국의 옛 동전이다. 파딩을 전부 낸다는 것은 필요한 대가를 모두 치른다는 뜻이며 상대에게 부분적으로 책임이 있다 하더라도 당신 쪽의 책임을 인정하고 겸손해진다는 의미다. 문제에 대한 당신의 책임을 완전히 지고 인정하면서 양보하는 마음으로 진심 어린 사과를 한다면 상대도 그 말에 담긴 진심을 알아차릴 것이다. 물론 사과의 말과 일치하는 행동을 해야 다른 사람이 당신의 진심을 알 수 있다.

파딩을 전부 내려면 일정 기간 그 사과와 일치하는 행동을 해야 한다. 그 사람과의 감정은행 계좌가 초과 인출되어 어떤 사과를 해도 벌충이 안 될 수도 있기 때문이다. 그러면 더 큰 노력을 기울이고 진심을 보여주어야 한다. 당신의 행동 때문에 생긴 문제를 변명으로 모면할 수는 없다. 특히 사과는 계속하면서 행동은 바뀌지 않는다면 더욱 그러하다.

당신이 상대 역시 자기 잘못과 책임을 인정하리라고 기대하면서 동전 한 닢만 내는 것으로는 불충분하다. 상대도 '음, 미안해, 하지만 어느 한쪽만의 잘못은 아니야. 너도 이 일에 책임이 있어'라고 생각하며 동전 한 닢만 내밀 수도 있다. 하지만 당신이 파딩을 전부 낼 때까지 상대는 두 번째 동전을 내지 않을 것이다.

파딩을 전부 낸다는 건 "제가 잘못했어요", "친구들 앞에서 당신을 난처하게 했어요", "당신이 엄청나게 열심히 준비한 회의에서 당신 말을 막았어요. 당신에게뿐 아니라 그 자리에 있던 다른 사람들에게도 사과할게요. 그 사람들은 내가 당신을 어떻게 대하는지 봤고 그래서 그들 역시 기분이 상했으니까요" 같은 말을 하는 것이다. 어떤 식으로도 자신을 정당화하거나 해명하거나 옹호하거나 남을 탓하려고 노력하지 않아야 한다. 정신적·감정적 감옥에서 빠져나오려면 한 푼도 남김없이 갚으려고 최선의 노력을 기울여야 한다.

대가를 전부 치르려면 어떻게 해야 할까? 누군가와 관계가 껄끄러워졌고 여기에 당신이 최소한 부분적으로라도 책임이 있다고 가정해보자. 당신이 그저 관계를 개선하려고만 할 뿐 자신의 잘못을 인정하고 용서를 구하지 않으면 상대는 여전히 의심의 눈길을 보낼 것이다. 그는 마음이 상하고 상처받았기에 경계태세를 취한다. 당신의 바뀐 행동, 친절한 얼굴을 의심하고 다음에 무슨 일이 일어날지 궁금해한다. 당신의 달라진 행동과 매너가 상대의 불신을 누그러뜨리지는 못한다. 당신은 그 사람이 지은 감옥의 창살과 벽 뒤에 갇혀 있기 때문에 어떤 일을 해도 그의 마음을 돌리지 못할 것이다. 그 창살과 벽은 상대가 당신에게 붙인 정신적·감정적 딱지다. 잘못이나 실수를 구체적으로 완전히 인정해야만 당신은 대가를 전부 치를 수 있다.

원칙을 따르기

나는 의욕과 책임감이 낮고 자신의 부실한 성과에 대해 툭하면 남들 탓을 하는 사람들과 일하면서 이 오래된 원칙의 효과를 계속 재확인한다.

언젠가 내가 이끄는 조직에 그리 일을 잘하지 못하는 젊은 직원이 있었다. 나는 그에게 '부진아'라는 딱지를 붙였고, 몇 달 동안 그 직원을 보거나 이름을 들을 때마다 이런 식으로 생각했다.

그러다 나는 내가 그에게 딱지를 붙였다는 것을, 그리고 그 딱지가 자성(자기달성적) 예언이 되었다는 것을 알았다. 사람들은 우리가 그들을 다루는 방식대로 혹은 우리가 생각하는 그들의 모습대로 되는 경향이 있다. 그에게 진 빚을 다 갚아야 한다는 생각이 든 나는 그를 찾아가 그에 대해 어떻게 생각했는지 말하고 내가 믿는 대로 상황이 전개되었다고 고백한 뒤 용서를 구했다.

그때부터 정직이라는 새로운 토대 위에 우리 관계가 시작되었다. 결과적으로 그는 자신의 직무에서 성장을 이루고 눈부신 성과를 올렸다.

> 사람들은 우리가 그들을 다루는 방식대로 혹은 우리가 생각하는 그들의 모습대로 되는 경향이 있다.

짝사랑을 다룬 소설이 많다. 사람들은 전에 상처받은 경험 때문에 조건 없이 사랑을 주려 하지 않는다. 그래서 자기 안으로 움츠러들어 자신을 보호하려고 하며 냉소적이거나 의심하거나 빈정댄다. 상처받는 연약한 사람이 되기 싫어서 마음을 열지 않는다.

나는 인간관계로 상처를 받은 딸에게 이렇게 말한 적이 있다. "상처받는 연약함을 유지하렴." 그러자 딸은 "왜 그래야 해요? 너무 힘든데요"라고 반박했다. 나는 이렇게 말해주었다. "인간관계에서 마음의 안정을 구할 필요가 없어. 네 성실성에서 마음의 안정을 얻으면 상처받는 연약함을 유지할 수 있어. 그러면 아름답고 사랑스러운 사람이 되지. 기꺼이 마음을 열고 진실해지려고 하니까 말이야. 이번에 거절당했다고 다른 사람과 새로운 기회를 거부한다면 네 주위에 관계를 막는 방패막을 치게 되지. 그러면 사랑이 비집고 들어올 틈이 없어. 너의 사랑스러운 점 중 하나는 사람을 믿고 상처받을지도 모를 위험을 감수한다는 거야."

법적 장해물 없애기

남김없이 모두 갚으려 할 때 많은 사람이 법적 장해물에 부딪힌다. 예를 들어 몇몇 변호사들은 고객에게 100퍼센트 무죄를 유지하려면 어떤 형태의 사과도 하지 말라고 조심시킨다. 사과하면 내가 죄를 지었다는 암시가 될 수 있기 때문이다.

많은 기업의 리더가 법률적 무죄를 위한 변호사의 충고로 자신의 생각을 구속한다. 법적 보호막을 치는 것이 현명한 경우도 있지만, 변호사의 사고방식이 향후에 문제를 일으킬 수도 있다. 혼전계약서를 작성하는 경우가 좋은 예다. "이혼할 때 재산은 이렇게 분할할 것입니다"라는 계약이 실제로 파경에 한몫할 수도 있다. 이 계약은 현실적이긴 하지만 이상적이진 않기 때문이다. 이상을 포기하고 현실적으로 되어버리면 인간의 본질, 자기 보호와 방어 성향을 극복할 능력을 포기하는 것이나 다름없다.

법적 사고방식을 발달시키면 우리는 최악의 시나리오를 상상하고 다른 사람의 가장 나쁜 면을 가정할 뿐 아니라 자신의 입장을 정당화할 증거를 찾는다. 그런 사고는 적대주의를 불러일으킨다. 가능하면 '법적 사고방식을 뛰어넘어 자신의 지식을 언제, 어떻게 적절히 적용할지를 잘 알고 삶과 사람에 대해 긍정적 태도를 지닌' 변호사와 일해야 한다.

누군가가 솔직하게 "내가 잘못했어요"라고 인정하면 업무의 많은 문제를 해결할 수 있다. 예를 들어 언젠가 한 CEO를 만났는데, 전날 노조 간부들이 중요한 회의 중에 나가버렸다고 하소 연했다. 내가 이유를 물었더니 그는 회사가 노조원을 홀대했다고 인정하면서도 "아주 사소한 문제"였다고 주장했다.

나는 "음, 당신에게는 사소한 일이 노조에게는 사명입니다. 사과하셔야 해요. 잘못을 했다면 오늘 당장 인정해야 합니다. 시간을 더 끌지 마세요. 아직 말을 건넬 수 있는 사이일 때 사과하세요"라고 조언했다.

CEO는 내가 권하는 대로 했고 노조 간부들은 그의 진심 어린 사과를 받아들였다. 실제로 그 사과 덕분에 간부들이 회의로 복귀했다. 간단한 사과가 사람들에게 이런 효과를 발휘할 수 있다.

나는 이 원칙이 갈등을 해결하고 관계를 치유하며 파업을 수습하고 국제적인 사업 거래를 촉진하는 기적을 일으킬 것이라고 확신한다. 사람과 사람 사이에 아주 인간적인 수준에서 관계가 형성되면 파딩을 남김없이 전부 내겠다는 마음이 생긴다. 그리하여 "내가 잘못했어. 사과할게. 너와 화해하고 싶어"라고 말한다.

또한 파딩을 전부 남김없이 낸다는 것은 다른 사람을 더 잘 알려고 노력한다는 의미이기도 하다. 고대 그리스어에서는 '제노스 xenos'라는 한 단어가 '적'과 '낯선 사람'을 모두 뜻했다. 적을 아주 개인적인 수준으로 알게 되면 그들은 더는 낯선 사람이 아닐 것이다. 우리는 누구나 약점이 있다는 것을 알고 있지만 그것을 인정하고 보완해주려고 노력하는 겸손함과 진실함, 정직함이 있는 예의와 봉사의 문화를 차차 만들어나갈 것이다.

기억해야 할 6가지

심각하게 멀어지거나 긴장된 관계에 이 원칙을 적용할 때 나는 다음 6가지를 강조한다.

자신이 그 문제에 부분적으로라도 책임이 있음을 정직하게 인정한다

곰곰이 생각해보면 자신이 타인에게 얼마나 상처를 입히거나 모욕을 주었는지, 얼마나 얕잡아 보았는지, 얼마나 상대를 이해하지 못했는지, 얼마나 자제하지 못했는지, 혹은 얼마나 조건부 사랑을 했는지 알 수 있다.

리더가 파딩을 남김없이 모두 내지 못하면 대개 도덕적 권위를 잃는다. 도덕적 권위는 우리가 리더로서 누리는 권력의 상당 부분을 차지한다. 특히 지식근로자가 많은 수평적 조직에서는 더욱 그러하다. 정보화 세계에서는 모든 사람이 같은 정보를 이용할 수 있어 당신 혼자 잘난 듯 날뛸 수 없다. 당신이 가진 가장 강력한 힘은 도덕적 권위다.

사람들은 상처를 받거나 창피를 느끼면 뒤로 물러나 마음을 닫는다

그리고 피해의식에 사로잡혀 우리를 정신적 감옥에 집어넣고 풀어주려 하지 않는다. 다시 상처를 받을까 봐 두려워 우리를 고약하고 불공정하며 이해심 없는 사람이라고 단정해버린다.

우리가 행동을 개선한다고 이 감옥에서 바로 풀려나지는 않는다

그들에게는 우리를 다시 신뢰할 만한 여유가 없기 때문이다. 우리를 풀어주는 건 너무 위험하다. 그들은 우리의 새로운 행동, 새로운 표정, 진실하지 못한 화해 요청을 의심하고 "전에는 그 사람을 믿었지. 하지만 그랬더니 어떻게 됐는지 봐"라고 말한다. 마음속으로는 누군가 방향을 알려주고 감정적으로 지지해주길 간절히 바라면서도 우리에게 무기징역을 선고하고 정신적 감옥에 계속 가두어둔다.

대개 그 감옥에서 나오는 유일한 방법은 잘못을 시인하고 사과하면서 용서를 구하는 것이다

이렇게 화해를 청할 때는 우리가 한 행동이 어떻게 잘못되었는지 구체적으로 묘사해야 한다. 변명이나 해명, 자기 옹호를 해서는 안 된다. 자신의 잘못을 알고 있다고 인정하고 왜 감옥에 갇혔는지 이해해야 한다. 또한 감옥에서 풀려나기 위한 대가를 치를 마음이 있어야 한다. 화해를 시도해보지만 마음속으로는 '저 사람도 나한테 미안해해야 해, 내가 할 수 있는 건 여기까지야. 저 사람이 자기 잘못을 인정하기 전까지 더 이상은 안 돼'라고 생각한다면 그 화해 노력은 피상적이고 진실하지 못하며 교묘한 수완일 뿐이다. 표면 아래에서는 여전히 의심과 혼란이 존재하다가 다음에 다시 관계에 긴장이 드러날 것이다.

이 접근은 완전히 진실해야 하고 타인을 회유하려는 영악한 수법으로 이용해서는 안 된다

단지 효과가 있기 때문에 이 방식을 사용한다면 오히려 당신에게 부메랑이 되어 돌아올 것이다. 무엇보다 우리는 자신을 피해자로 생각해서는 안 된다. 마음 깊은 곳에서 진지하게 변화하지 않는다면 우리는 조만간 또 좋은 감정을 해칠 테고 그러면 그 어느 때보다 두꺼운 벽으로 둘러싸인 감정적 감옥이 새로 생길 것이다. 그렇게 되면 우리가 얼마나 미안해하는지 말해도 상대는 믿지 않을 것이다. 반복되는 형식적 사과는 어떤 신뢰나 용서도 얻지 못한다.

대부분의 경우 대가를 모두 치르면, 감옥에서 풀려나고 상대와 소통하여 영향력을 미칠 새로운 기회가 생긴다. 그뿐 아니라 다른 사람들도 자기 잘못을 인정하고 어려운 결심을 하도록 감화를 준다

때때로 우리는 자신이 민감한 선을 넘어 타인에게 상처나 모욕을 주거나 기분을 상하게 했다는 것을 속으로 알고 있다. 그럴 때 상대가 그런 취급을 받아 마땅하다고 스스로를 정당화하려는 마음이 들 수도 있다. 하지만 우리는 남에게 상처를 주었다는 걸 알면 찾아가서 잘못을 인정하고 용서를 구해야 한다고 배우지 않았는가? 종종 자존심 때문에 그렇게 하길 꺼리지만, 결국 자존심을 굽히고 미안한 마음을 표현하며 사과하고 용서를 구해야 한다.

적용 방법과 제안

◆

- 누군가가 당신에게 진지하고 겸허하게 용서를 구한 적이 있는가? 그 일이 두 사람의 관계에 어떤 변화를 불러왔는가? 당신이 사과해야 하는 사람이 있는가? 그렇다면 찾아가 잘못을 인정하고 용서를 구하라. 어떤 일이 일어 났는가? 당신의 사과가 관계에 어떤 영향을 미쳤는가?

- 누군가에게 화나거나 적의를 느낀 적이 있는가? 스스로 피해자라고 느낀 적이 있는가? 시간이 지나면서 그런 감정 때문에 어떤 일이 벌어졌는가? 거기서 벗어나기 위해 오늘 당장 할 수 있는 일이 무엇인가?

- 행동은 바뀌지 않으면서 입으로만 사과하고 있는 것은 아닌가? 그러면 시 간이 지나면서 어떤 일이 벌어질까? 다른 사람들과 더 나은 관계를 맺기 위해 바꾸어야 할 태도가 있는가?

위대한 사람은 이상을 논하고,
보통 사람은 사건을 논하고, 소인배는 사람을 논한다.
– 엘리너 루스벨트

12   일곱 번째 지렛대 신의

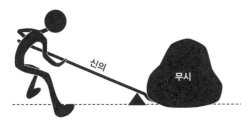

1차적 강점을 지닌 사람은 신의가 있다. 신의를 지킨다는 것은 누군가가 없는 자리에서 그 사람을 어떤 고정관념에 끼워 맞추거나 혹평을 하거나 특정한 딱지를 붙이지 않는다는 뜻이다. 타인을 무시하고 그들의 부족한 점을 보며 자만하거나 경멸을 느끼며 사는 사람이 많다. 타인에게 비현실적인 기대를 버리고 인간으로서의 신의를 지키면 그 무거운 짐을 벗을 수 있다.

1차적 강점을 보유했는지 테스트하는 궁극적인 기준은 그 자리에 없는 사람에 대한 신의다.

당신과 같은 자리에 없는 사람은 당신이 자신에 대해 무슨 말을 하는지, 당신이 자신에게 신의를 지키는지 알지 못한다. 바로 그럴 때 당신의 진짜 성품이 드러난다. 비판적으로 되어선 안 된다는 말이 아니다. 당사자가 그 대화를 우연히 엿듣거나 흔히 그러하듯 당신이 한 말이 본인에게 전해지더라도 부끄럽지 않을 정도의 건설적인 비판을 하면서 신의를 지켜야 한다는 것이다. 방관자 입장이 되어 다른 사람을 재단하고 딱지를 붙이고 고정관념에 끼워 맞춘 뒤 그들에 대한 당신의 경멸을 뒷받침할 증거를 찾아서는 안 된다.

4가지 사례

아마 다음 4가지 사례가 이를 이해하는 데 도움이 될 것이다.

첫 번째 사례

예전에 하와이의 한 대학에서 교수로 일할 때였다. 나는 사택의 상황 때문에 몹시 화가 나서 총장을 바로 찾아갔다. 교환교수 시절에 그 총장과 함께 일한 적이 있었다. 나는 총장에게 사택 책임자에 대한 불만을 토로했다. 내가 보기에 그는 무능하고 무정한 사람이었다.

그러자 총장은 곧바로 이렇게 이야기했다. "스티브, 사택에 문제가 있다니 유감스럽네. 하지만 우리 대학의 사택 책임자가 유능하고 좋은 사람이란 걸 알아주었으면 하네. 지금 그 사람을 불러서 문제를 함께 해결해보는 게 어떤가?"

총장이 그 자리에 없는 사택 책임자에게 얼마나 신의를 지켰는지 알겠는가? 총장의 행동이 십분 옳았기에 나는 적잖이 당황했다. 총장은 나 역시 문제를 해결할 책임을 지도록 하고 있었다. 그래서 "아뇨, 총장님이 이 문제를 처리해주세요. 저는 그저 총장님이 이 문제를 인지하시길 원했을 뿐입니다"라는 말이 선뜻 입밖에 나오지 않았다.

총장은 전화를 걸어 사택 책임자를 불렀다. 곧 그가 교정을 가로질러 걸어오는 모습이 보였다. 그동안 나는 '정확하게 내 의사를 전달할 수 있을까? 이 난처한 상황에 나도 부분적으로 책임이 있어'라는 생각이 들었다. 사택 책임자가 방에 들어섰을 때 나는 매우 온화하고 겸손해진 상태였다.

또한 나는 그 자리에 없는 사람에게 신의를 보여준 총장에게 당황하면서도 그 성품에 큰 감명을 받았다. 총장은 내게 올바른 원칙을 따끔하게 가르쳐주었다.

사택 책임자가 방에 들어섰을 때는 내 전체적인 태도가 바뀌어 있었다. 나는 그에게 "안녕하세요, 만나서 반갑습니다"라고 친절하게 인사했다. 불과 몇 분 전까지만 해도 그의 흉을 보고 있었는데 말이다. 총장에게는 그런 내 이중성이 보였을 테고, 그 때문에 나는 더욱 곤혹스러웠다.

하지만 이 일은 내게 커다란 교훈을 안겨주었다. 나는 당사자가 알았을 때 내가 부끄러워질 뒷담화를 해선 안 된다는 것을 배웠다. 사람들은 내가 자리에 없는 누군가를 흉보면 자기가 없는 자리에서 내가 똑같이 그들의 흉을 볼 것을 알고 있다. 특히 그

> 당신과 같은 자리에 없는 사람은 당신이 자신에 대해 무슨 말을 하는지, 당신이 자신에 대한 신의를 지키는지 알지 못한다. 바로 그럴 때 당신의 진짜 성품이 드러난다.

사람과의 관계가 껄끄러울 때는 더 그런 생각이 들게 마련이다.

두 번째 사례

한번은 내가 강연에서 이 일을 이야기했더니 나중에 한 대형 은행의 고위 간부가 나를 찾아와 말했다. "저도 선생님과 비슷한 경험이 있습니다. 예전에 우리 은행의 한 지점을 방문해 창구 직원의 접견을 받았어요. 그런데 접견이 너무 부실해서 해당 부서장에게 그 여직원에 대해 불평했지요. 대부분 부서장은 저를 두려워해서 잘 상대하지도 못하는데 그는 이렇게 말하는 거예요. '그런 불쾌한 경험을 하셨다니 유감입니다. 하지만 그 직원은 괜찮은 사람입니다. 직원을 불러 이 문제를 함께 이야기해보시는 게 어떨까요. 그러면 그 직원에게 부사장님이 겪은 일을 직접 말씀하실 수 있을 거예요.'"

그 고위 간부는 부서장에게 "아니, 당신이 가서 해결하시오. 난 그저 당신에게 알리고 싶었을 뿐, 개입하고 싶지 않소"라고 말했다. 그런데 부서장은 "음, 제가 부사장님이었다면 개입하고 싶었을 겁니다. 부사장님이 그 직원이라면 이 일에 제삼자의 피해자가 되길 원할까요?"라고 물어보는 게 아닌가.

일개 부서장이 고위 간부를 이렇게 직접적이고 진실한 태도로 대하려면 얼마나 큰 용기를 내야 했을지 상상해보라. 고위 간부가 할 수 있는 대답은 너무도 뻔했다. "음, 나라면 개입하고 싶겠지." 그러자 부서장은 "그럼 그 직원을 부르겠습니다"라고 말했다. 그리하여 직원이 들어왔고 세 사람은 이 일에 관해 이야기했다. 직원은 피드백을 받았고 이 문제는 책임감 있게 처리되었다.

그 고위 간부는 내게 "나중에 지점장을 뽑을 때 저는 그 부서장을 추천했어요. 순전히 이때의 경험 때문이었죠. 그렇게 용기 있고 솔직할 뿐 아니라 높은 사람 앞에서도 그 자리에 없는 누군가에게 신의를 지키는 사람이라면 다른 일도 진실하게 처리하리란걸 알았거든요"라고 말했다.

세 번째 사례

외딴 정비소의 관리자가 고객의 차에 실제로는 없는 문제를 만들어 수익 올리는 방법을 직원에게 훈련하고 있었다.

차가 한 대 들어오자 관리자는 먼저 번호판을 본 뒤 말했다. "이 차는 외지에서 왔어. 이 사람을 다시 볼 일이 없다는 뜻이지. 그러면 먼저 운전자가 차를 좀 아는 사람인지 알아봐야 해. 운전자에게 엔진에 관해 몇 가지 기술적인 이야기를 건네봐. 가령 '스타팅 모터가 나갈 것 같네요'라고 운을 뗐는데, 운전자가 '스타팅 모터요? 그게 뭔데요?'라고 되묻는다면 그건 완전 '멍청이'라는 뜻이니까 우리 맘대로 뭐든 할 수 있어. 자, 그러면 이렇게 말하는 거야."

관리자가 고객에게 가서 말한다. "제 차라면 이런 스타팅 모터에 제 운을 맡기고 싶진 않을 거예요. 특히 사막을 달릴 때는요. 까딱 잘못하다간 오도 가도 못 하는 신세가 될 수 있으니까요."

"그러면 큰일이죠. 어떻게 해야 할까요?"

"음, 제가 저렴한 가격에 좋은 부품으로 교체해드리죠. 제품은 원가에 팔고 인건비는 안 받을게요."

그러면 가련한 피해자는 이렇게 생각한다. '완전 싸네! 200달러에 스타팅 모터를 바꿀 수 있는 거잖아. 인건비까지 치면 보통 349달러는 줘야 하는데.'

하지만 모터 가격에 40퍼센트의 마진이 포함되어 있다는 것을 아는 관리자는 직원에게 눈을 찡긋한다.

그리고 나중에 직원들은 옹기종기 모여 이런 이야기를 나눈다. "고객을 저렇게 대하는 사람이라면 우리한테는 어떻게 하겠어?" 직원은 관리자가 자신들을 속일 방법도 찾을 것을 알고 있다.

네 번째 사례

캐나다 국경에서 있었던 일이다. 한 상점에 들어갔더니 반값 할인 행사를 하고 있었다. 나는 가격이 50퍼센트 할인된 가죽 코트를 살펴보았다. 손님은 나밖에 없었고 판매원 두 사람과 주인이 있었다. 주인이 내게 오더니 "정말 싸죠"라고 말을 건넸다. 나는 그의 말에 넘어갔다. 코트는 나한테 잘 어울렸고 마음에 쏙 들었다.

나는 주인에게 "이렇게 할인을 해도 비싸네요. 세금은 얼마나 내야 할까요?"라고 물어보았다.

그러자 주인은 "세금은 안 내도 돼요. 이 옷엔 더 돈을 낼 필요가 없어요"라고 대답했다.

"음, 세관신고서에는 해외에서 산 물건은 전부 신고하라고 되어 있는데요."

"그건 걱정하지 마세요. 그냥 이 옷을 입고 가시면 되잖아요. 다른 사람들도 다 그렇게 한답니다."

"하지만 저는 세관신고서에 서명했어요."

"잘 들으세요. 다른 사람들도 전부 그렇게 한다니까요. 손님처럼 물어보는 사람조차 없어요. 그냥 코트를 입고 국경을 건너죠. 그 점은 조금도 걱정할 게 없어요."

그 말을 듣고 나는 이렇게 말했다. "음, 가장 걱정되는 건 당신 뒤에 서 있는 저 직원들이에요. 지금 당신의 모습을 보면서 저들이 수당이나 경력 훈련, 이런 일에서는 당신이 어떻게 할지에 관해 무슨 생각을 하고 있을까요?"

주인과 두 직원 모두 얼굴이 빨개졌다.

그게 무슨 대수라고!

지금쯤 당신은 이렇게 말할지도 모른다. "어떤 조직이든 경쟁자와 적이 있어. 무심코 그 사람들에 대해 말한다고 그게 무슨 큰일이야?" 아니, 그건 큰일이다. 주변 사람들이 당신에 대한 고정

나는 하나를 보면 열을 안다고 생각한다. 당신이 누군가를 존중하면 사람들은 다른 상황에서 비록 약간의 긴장이나 압력이 있어도 자신들 또한 존중해줄 것을 안다.

관념을 갖고 당신을 헐뜯고 당신에게 딱지를 붙이도록 그냥 놔두면 본질적으로 당신도 뒤에서 그들을 비방할 거라고 말하는 것이나 마찬가지다. 당신이 원칙에 따라 살지 않고 다른 누군가를 희생시켜 이익이나 즐거움, 인기를 얻으려 한다고 알려주는 것과 같다는 말이다. 고객에 대해 아무렇게나 말하는 사람은 직원과 공급업체에 대해서도 함부로 말할 것이다.

나는 하나를 보면 열을 안다고 생각한다. 당신이 누군가를 존중하면 사람들은 다른 상황에서 비록 약간의 긴장이나 압력이 있어도 자신들 또한 존중해줄 것을 안다.

회의할 때 종종 우리는 그 자리에 없는 사람을 비하하곤 한다. 그 사람의 지위를 약화하거나 그에 대한 다른 사람의 신뢰를 떨어뜨리기 위해서다. 나는 회의에 참석하지 않은 사람을 변호한 적이 많다. 내 주위 사람들이 그 자리에 없는 누군가에게 일방적인 딱지를 붙이거나 헐뜯게 놔두지 않을 것이다. 누군가 경박한 말을 하면 "잠깐만요, 사람에 대해 그런 식으로 말하지 않으면 좋겠어요"라고 응대할 것이다. 또한 그 사람이 우리에게 어떤 도움을 주었는지 지적할 수도 있다. 나도 그 사람에게 비판적일 순 있지만 당사자가 그 자리에 있어도 내가 부끄러워지지 않을 말을 할 것이다.

당신이 그 자리에 없는 사람의 성실성을 지켜준다면 그 자리에 있는 사람들은 어떤 생각을 할까? 당신의 그런 모습은 당신이 그들에게도 똑같이 할 것이라고 말해준다. 물론 그런 상황에서 누군가를 옹호하려면 용기가 필요하다. 아무 말도 하지 않는 쪽이 훨씬 편할 것이다. 하지만 나는 다른 사람을 지켜주거나 자신의 소중한 믿음과 가치를 밝힐 기회가 있다면 그렇게 해야 한다고 믿는다.

신의를 지키는 다른 방법들

신의를 지키는 다른 방법에는 무엇이 있을까? 7가지를 소개하겠다.

자신을 방어할 능력이 없는 사람, 따돌림받는 사람, 약자, 계급이 낮은 사람, 소수자, 희생양을 변호하라

나는 국제연합의 뛰어난 사무총장이었던 다그 함마르셸드Dag Hammarskjöld가 한 말을 좋아한다. "다수를 구원하기 위해 열심히 노력하는 것보다 한 사람에게 자신을 완전히 바치는 게 더 고귀하다." 우리가 한 사람에게 정성을 기울이면 그 모습이 우리의 성품을 보여주고 많은 사람에게 영향을 미친다.

민주주의에서 한 사람의 권리를 보호하기 위해 하는 일들을 보자. 우리는 완벽한 정의를 구현하지는 못해도 공정해지려고 노력한다. 그리고 이것이 이상적인 모습이다. 우리는 이상적인 정의를 이룰 수 있기를 염원한다.

논의를 예상하고 당사자의 허락을 받는다

논란이 되는 사람과 그의 상황에 관한 이야기가 회의에서 나올 것이라고 미리 알게 되면, 당사자를 불러 "당신이 회의에 올 수 없다는 걸 알고 있습니다. 제가 이런 식으로 당신에 관해 이야기하거나 당신 입장을 대변해도 괜찮을까요?"라고 물어보는 편이 현명하다.

논의 뒤에 그 사람에게 무슨 말이 오갔는지 알린다

그 사람에게 "상황이 이러이러했고 이런 말이 오갔습니다. 그리고 우리는 이렇게 했습니다"라고 알려줄 수 있다. 회의에서 오간 말이 잘못 전해질 수 있다는 생각이 들면 이렇게 하는 것이 매우 중요하다. 그 사람에게 "제 의도와 제가 한 말을 분명히 해두고 싶습니다"라고 말할 수 있다.

그 자리에 없는 고객을 생각한다

모든 품질 운동은 고객에게 초점을 맞춘다. 기업은 고객과 공급업체, 즉 모든 이해당사자를 존중해야 한다는 것을 점차 깨닫게 되었다.

그 사람의 배경이나 사건의 정황을 이야기한다

지리적으로 더 먼 지역의 사람, 문화적으로 다양한 사람과 일하면서 불화와 차이가 나타날 가능성이 더 커진다. 누군가가 비하당하거나 부정적으로 언급될 때 당신이 다른 사람들에게 "그 사람은 다른 문화에 속해 있거나 우리와 다른 배경을 가지고 있습니다. 그러니 그렇게 가혹하게 비판하기보다 그 사람을 이해하고 믿어주려 노력합시다"라고 상기시켜야 할 수 있다.

다음 회의에서 당사자가 해명하거나 자신의 입장과 상황을 옹호할 기회를 준다

모든 사람은 변론할 기회, 즉 무슨 일이 일어났고 그 이유는 무엇인지 설명할 기회를 원한다.

그 사람의 좋은 면, 긍정적인 면을 이야기한다

내가 어느 프로젝트팀과 일할 때였다. 팀원들이 경쟁자라고 생각하는 어떤 사람을 맹렬하게 비난하기 시작했다. 나는 이들에게 "그 사람이 그런 판단을 받을 만하다고 생각하지 않아요. 좀 더 좋은 평가를 받아도 되는 사람이에요. 프레젠테이션을 훌륭하게 하는 사람 중 한 명이거든요"라고 말했다.

우리는 사람들이 자신의 험담을 하고 있다는 사실을 종종 알아차리곤 한다. 내가 비난받는 중이며 경쟁자들이 나를 모함하고 있다는 것을 느낄 수 있다. 이런 일은 우리가 아는 것보다 더 흔하다. 사람은 자신이 무시당하고 있음을 알아차리는 육감이 있는 것 같다.

또한 깊이 생각하지 않고 나눈 말이나 쓴 글이 나중에 동네방네 알려지는 경우도 많이 보았다. 따라서 그 자리에 없는 사람을 옹호하는 가장 중요한 이유 중 하나는 이렇게 하면 그 쓸데없는 말들, 그러니까 인신공격이나 섣부른 판단, 현명하지 못한 결정이 당신에게 되돌아와 괴롭히는 일이 없을 것이기 때문이다.

적용 방법과 제안

- 다음 질문들에 대한 답을 적어본다. 다른 사람의 험담에 가담한 적이 있는 가? 그 일이 당신의 성품과 다른 사람들이 당신을 보는 시각에 어떤 영향을 미쳤는가? 그 자리에 없는 사람의 성실성을 옹호했을 때 그런 당신의 모습이 그 자리에 있던 사람들에게 어떻게 비쳤는가?

- 다음에 사람들이 그 자리에 없는 누군가에 대해 이러쿵저러쿵 말하거나 비판할 때 당신은 끼지 마라. 그리고 어떤 결과가 나타나는지 본다.

- 당신에게서 건설적인 피드백을 받아야 하는 사람이 있는가? 건설적인 피드백을 주기 위한 계획을 세운다. 그 회의 결과와 당신의 느낌을 기록한다.

- "다수를 구원하기 위해 열심히 노력하는 것보다 한 사람에게 자신을 완전히 바치는 게 더 고귀하다." 이 말이 당신에게는 어떤 의미인가? 당신의 헌신과 정성이 필요한 한 사람이 누구인가? 그 사람에게 더 완벽하게 당신을 바치기 위해 할 수 있는 일을 적어본다.

다정하고 배려하는 다른 인간의 거울에
자신을 비춰보기 전까지는 어떤 사람도 자신의 아름다움을
알 수 없고 자신의 가치를 인식하지 못한다는 것은 확실하다.
– 존 조지프 파월

13   여덟 번째 지렛대 **호혜**

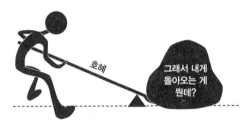

1차적 강점은 호혜의 원칙, 주는 만큼 받는다는 생각을 바탕으로 한다. 모든 문화에는 공정성이라는 개념이 단단히 자리 잡고 있다. 2차적 강점을 믿는 사람은 모든 상호작용을 자신에게 유리하게 만들고 싶어 한다. "그래서 내게 돌아오는 게 뭔데?"가 이런 사람들의 모토다. 반면 호혜의 원칙에 따라 사는 이들은 다른 사람도 자신과 함께 승리를 얻지 못하면 삶에서 승리란 없다는 것을 알고 있다.

"나한테 돌아오는 게 뭔데?"

어떤 사람들은 오로지 여기에만 관심이 있다. 이런 사람들이 친구이거나 자녀이거나 배우자라면 당신은 중대한 과제에 직면한다. 직원이거나 고객일 경우도 마찬가지다. 그러면 당신은 그들과의 관계를 '승-패적이고 일방적인 관계'에서 '서로 도움을 주고받는 사이'로 변화시켜야 한다. 리더가 호혜적인 관계를 발달시키는 법을 배우지 않으면 고객과 공급업체들은 자신의 이익만 추구할 것이다.

예를 들어 기업의 고객서비스는 종종 일방통행으로 이루어지곤 한다. 일선의 고객서비스 담당자의 말을 들어보자. "우리는 주고 또 주고, 그들은 아무 감사 없이 받고 또 받아요."

그들의 말은 이러하다. "충성 고객이란 건 더는 없어요. 더 싸게 팔거나 더 나은 제품이나 프로그램이 나온 곳이 있다면 고객은 그쪽으로 갈아타 버리죠. 우리가 돈독한 고객 관계를 쌓으려고 아무리 애써도 많은 고객은 가격이 더 낮은 곳으로 달려갈 겁니다."

"우리는 고객에게 유익한 서비스 프로그램을 여러 번 제공했는데 그들은 그것만 이용하고 떠나버려요."

물론 고객은 대개 다른 생각이다.

"그들은 우리가 지갑을 열면 좋아해요. 하지만 고작 질문에 답하거나 이메일에 답을 보내주는 것만으로 돈을 가져가려 하죠."

"비용은 점점 더 비싸지는데 서비스는 점점 덜 받는 것 같아요. 항공사부터 병원까지 어디에서나 말이죠."

뺑소니를 넘는 여섯 단계

그렇다면 우리 삶에서 가장 중요한 관계들이 호혜적이라고 어떻게 확신할 수 있을까?

여기에는 관계의 성격이 중요하게 작용한다. 상호이해가 바탕이 된 관계라면 유대감이 싹트고 서로 도움을 주고받는 사이가 된다.

단계 1: 자기 자신을 돌아본다

관계를 개선하려고 다른 사람이 바뀌길 기대하거나 쉬운 지름길을 찾지 말고 자기 자신을 돌아보아야 한다. 당신이 안고 있는 문제의 근원은 당신의 성품에 있고 근본적 해결책 역시 성품에 있다. 원칙들을 기반으로 덕성을 기르고 관계를 구축해야 한다.

자기 자신과의 관계가 타인과의 관계에 영향을 미치고 영향을 받는다. 역으로, 타인과의 관계는 자기 자신과의 관계가 바탕이 된다. 타인과 잘 지내는 능력은 당연히 자기 자신과의 좋은 관계, 내면의 평화와 조화에서 나온다.

예를 들어 동료나 고객과 더 가까워지려면 자신의 태도와 행동을 어느 정도 바꿔야 할 수도 있다. 자신을 더 사랑하고 존중하면 다른 사람을 더 많이 좋아할 수 있고 나를 더 기꺼이 내줄 수 있다. 덜 방어적으로 되고 경계심이 줄며 마음을 열고 타인의 감정을 더 존중한다. 가게에서 직원이 형편없는 서비스를 했다면 그

> **관계를 개선하려고 다른 사람이 바뀌길 기대하거나 쉬운 지름길을 찾지 말고 자기 자신을 돌아보아야 한다. 먼저 자기 자신에게 정직해져라.**

직원에게 해결해야 하는 내면의 갈등이 있는 게 분명하다.

누군가를 이해하려면 마음을 열고 공감해야 한다. 하지만 이런 노력에는 마음이 불안정한 사람은 감당하기 어려운 위험, 자신의 의견이나 판단을 바꿀 위험이 존재한다. 강요와 강압으로는 절대 이상적인 업무환경과 생활환경을 만들지 못한다. 내면의 변화, 시간을 초월한 원칙들과 조화를 이룬 삶을 통해서만 이상적인 환경이 만들어진다. 우리는 중요한 원칙들을 고수하고 고귀한 목적들에 자신을 바침으로써 서서히 내면의 일체감과 성실성을 발달시킨다. 반목과 불안정이 사라지고 조화와 안정이 찾아온다. 마음의 안정은 외부가 아니라 내부에서 온다. 다른 사람이 우리 자신이나 우리의 사회적 지위 혹은 물질적 부를 어떻게 생각하는지에 따라 마음의 안정이 찾아오지는 않는다.

어떤 관계가 얼마나 친밀한지는 일상의 사소한 일, 작은 예의, 친절한 행동, 짧은 순간의 양보에서 알 수 있다. 방심하고 있을 때 벌어지는 사소한 일들로 우리의 진짜 성품이 노출된다. 중요해 보이지 않는 일과 단순한 습관에서 종종 이기주의가 드러나곤 한다.

인간관계와 관련된 공식은 단순할 뿐 아니라 서로의 사이가 화창한 날처럼 좋을 때만 효과가 있다. 성품에 뿌리를 두지 않은 인간관계 공식은 그저 잠시 마음을 가라앉히거나 무감각하게 할 뿐이다. 폭풍이 몰아치면 관계가 무너진다. 그러면 사람들은 화를 내고 다른 사람을 비난하고 비판하며 적의를 드러낸다. 아니면 관심을 끊거나 심지어 공격하기도 한다.

우리는 모두 사랑과 이해를 받고 다른 사람에게 받아들여지길 원한다. 하지만 그런 따뜻한 대우를 받지 못할까 봐 두려워서 연극을 하고 상처받지 않으려 자신을 보호한다. 마음을 열고 소통하지 않고 벽 뒤에 숨을 뿐 아니라 타인을 재단하고 딱지를 붙여 억지로 자신을 높인다. 이런 식으로 행동하면 다른 사람이 사랑을 주려고 해도 받지 못한다.

관계에서 우리 역할은 심판관이 아니라 등대다. 우리는 불안과 열등감을 극복하고 신뢰와 내면의 평화를 얻는 방법을 많이 듣는다. 하지만 인간의 성품, 삶의 법칙과 계획에 뿌리를 두고 조언해주는 사람은 드물다. 스스로를 소외시키는 것이 관계 단절의 근본적인 원인이다.

우리 문화에서는 관계를 이용하고 조종하라, 자존심을 지켜라, 상처받기 전에 상처를 주어라, 의심하라, 가식적으로 행동하고 요령을 피워라, 많이 받고 조금 주어라, 필요하다면 다른 사람의 헌신을 통해서라도 자신의 취향과 이기적인 욕구와 이익을 충족하라고 가르칠 수도 있다. 하지만 우리가 그런 부정적인 문화적 규범들을 극복하고 더 고귀한 도덕률을 따른다면 이러한 문화적 조건화에서 점차 벗어날 것이다.

단계 2: 친밀감을 키운다

부모와 자식, 고객과 공급업체 사이의 유대감을 키우는 열쇠는 승-승적 사고방식이다. 유대감이 생기면 고객은 이렇게 말할 것이다. "우리에게 필요한 것이 무엇인지 당신이 우리보다 더 잘 알고 있습니다. 우리는 지금 당장 원하는 것과 필요한 것밖에 모릅니다. 어떤 의미에서는 자신의 숲에 들어앉아서 앞이 보이지 않는다고도 할 수 있어요. 당신은 더 넓은 곳을 볼 수 있습니다. 당신이 우리에게 진짜 필요한 것과 앞으로 필요한 것을 다루도록 해주겠습니다. 하지만 우리도 당신이 우리에 대해 모르는 것, 당신이 자기 자신에 대해 모르는 것을 알려주겠습니다."

대화를 할수록 관계에 더 많은 통찰력이 생긴다. 어떤 사람 혹은 회사와 유대감이 형성되었는데 "나한테 돌아오는 게 뭔데?"라고 묻기는 어렵다. 유대관계가 돈독해질수록 더 마음을 쓰고 상대를 위해 더 각별한 노력을 기울인다. 이미 호혜적인 관계로 긴밀하게 유대를 맺은 사람들은 이기적으로 행동할 수 없다. 유대감과 이기심은 서로 배타적인 개념이다.

단계 3: 지식과 정보를 나눈다

기꺼이 정보를 나누고 문제점과 과제를 공유하면서 서로를 이해하려 노력하고 도울 방법을 찾아야 한다. 이런 대화를 해보라.

"이 부분에서 가격을 낮추려고 애쓰고 계시는군요. 우리가 배운 바로는…."

"우리 역시 이 문제로 어려움을 겪고 있습니다. 혹시 비슷한 경험에서 알게 된 것이 있나요?"

돈독한 관계는 인간적인 소통과 서로를 이해하려는 마음에서부터 시작한다.

한번은 CEO들이 모인 자리에서 360도 다면진단이나 평가를 실시해본 사람이 얼마나 되는지 물어본 적이 있다. 그 자리에 있던 대부분의 CEO가 이 방법을 시도해보았다고 대답했는데, 이는 매우 드문 경우다. 이 CEO들은 뛰어난 리더였다. 이 리더들 대부분은 주주와의 관계와 주가, 직원들과의 관계와 최종 수익이 별개의 것이 아니라 모두 연결되어 있다고 생각했고, 그것들이 생태계처럼 서로서로 영향을 주고받는다는 걸 알고 있었다. 오늘날의 세계에서는 공급업체와 고객 간의 상호 의존성이 더욱더 분명해지고 있다.

단계 4: 모든 이해당사자를 포함한다

한쪽에만 초점을 맞추고 다른 쪽을 배제하면 모든 이해당사자를 만족시키지 못하고, 고객을 만족시키려고 직원을 희생할 수 있다. 유능한 관리자라면 직원이 단지 공급자라는 이유로 이들을 이용해 먹을 생각은 하지 않을 것이다. 우리는 모두 공급자이면서 고객이다. 나는 내 고객에게는 공급자이지만 내 공급자에게는 고객이다. 당신이 내 요구를 충족시켜 주는 것처럼 나도 당신의 요구를 충족시킨다. 결국 일에서 중요한 건 관계다. 물론 일에는 기술적인 측면도 있지만 사람들, 즉 모든 이해당사자의 요구를 처리하는 것이 더 효과적이다. 세상에 하찮은 사람은 없다. 나는 고객과는 대단히 좋은 관계를 맺으면서 공급자에게는 함부로 대하는 기업을 가끔 본다. 이 기업들은 일을 구분짓는다. 환경을 오염시키거나 다음 세대에 피해를 주거나 주변의 요구를 무시함으로써 황금알을 낳는 거위의 배를 가르고 있다.

단계 5: 일선에서 일하는 사람들에게 신경 쓴다

어떤 서비스 조직에서건 고객과 직접 접촉하면서 서비스를 제공하는 사람들, 대체로 경영진이 함부로 대하고 이용하면서 인정은 해주지 않는 이 직원들이 성공에 핵심적인 역할을 한다. 그렇다면 이들이 훌륭한 서비스를 제공할 수 있도록 당신과 이 직원들의 관계를 발전시킬 방법은 무엇일까?

여기에도 호혜의 원칙이 적용된다. 당신은 이들이 고객의 요구와 경영진의 운영 원칙 사이에 끼여 집중포화를 받고 있다는 점을 알아야 한다. 이들은 중간지대에 있고, 이해와 인정이 필요하다. 예를 들어 나는 비행기 승무원이 모욕적인 대우를 받은 후 비행기 뒤편에서 눈물을 흘리며 자기들끼리 하소연하는 모습을 보았다. 이런 일을 겪을수록 이들은 점점 냉담해진다.

콜린 파월Colin Powell 장군이 어떤 장군의 리더십 유형에 관해 이야기한 적이 있다. "그는 몹시 엄한 감독관이었어요. 그래서 일이 완료는 되는데 사람들이 스스로 우러나서 하는 게 아니라 강압으로 억지로 했어요. 참모 회의는 장군의 연설장으로 바뀌고 감사는 종교재판이 되었지요. 끝없이 부정적인 압박이 가해지니 부대의 지휘관과 참모들의 진이 다 빠져버렸어요." 파월 장군의 동료이자 멘토인 버나드 로에프키Bernard Loeffke 장군의 리더십 유형은 이와 뚜렷한 대조를 이룬다. 로에프키 장군은 단결심을 크게 북돋아 부대에 활기를 불어넣었다. 베트남 전선에서 장군은 부대에서 가장 큰 무공을 세운 사람들을 뽑아 매일 밤 한 명씩 자신의 막사에서 재우고 자신이 대신 보초를 섰다. 이런 리더를 위해 싸우지 않을 사람이 있을까?

단계 6: 보복보다 자비를 선택한다

셰익스피어는 자신의 희곡 〈자에는 자로〉와 〈베니스의 상인〉에서 복수심에 불타 살 1파운드를 요구하는 인간의 도덕적 딜레마를 다루었다. 〈베니스의 상인〉의 끝부분에서 포샤Portia는 자비의 미덕을 이렇게 시적으로 표현했다.

"자비는 강요할 수 없습니다. 자비는 하늘에서 대지로 내리는 보슬비와 같습니다. 자비는 이중의 축복을 베풉니다. 자비를 주는 사람과 받는 사람 모두를 축복하지요. 자비는 강한 것 중에서도 가장 강하고 왕관보다 왕을 더 왕답게 만들어줍니다. 왕이 들고 있는 홀은 일시적인 권력을 나타냅니다. 이것은 경외와 위엄을 상징하지만, 여기에는 왕에 대한 두려움과 공포가 담겨 있습니다. 그러나 자비는 이런 왕의 권력을 초월하며 왕의 가슴속 옥

좌에 앉아 있습니다.

자비는 신의 특성이며, 지상의 권력은 자비가 정의와 어우러질 때 가장 신과 가까워집니다… 정의만 내세우면 우리 중 누구도 구원받지 못할 것입니다. 우리는 자비를 간구해야 합니다. 그리고 그러한 간구는 우리 모두에게 자비로운 행동을 하라고 가르칩니다."

다른 사람들도 당신과 마찬가지로 애정과 이해, 자비가 필요하다는 것을 알아야 한다. 이 간단한 원칙을 꾸준히 적용하면 1차적 강점을 강화해주는 유대관계가 성립될 수 있다.

고객 구조대

호혜 관계가 맺어지면 어려움에 빠진 회사를 고객이 힘을 합쳐 돕거나 심지어 구하는 경우도 있다.

오래전 팬아메리칸월드항공Pan American World Airways이 시장에서 비틀거리기 시작했다. 나는 이 항공사에 강한 충성심을 느껴 자금난에 빠진 회사를 돕고 싶어 했던 평생 고객 몇 사람을 알고 있다. 회사를 도우려고 적극적으로 노력하는 사람도 있었고, 그저 회사가 최후 수단으로 내놓은 초특가 제안을 이용하는 사람도 있었다. 하지만 팬아메리칸월드항공의 리더는 고객의 지지를 체계화하고 결집해내지 못했다. 아마도 오랜 세월 무수한 비행으로 감정은행 계좌에 쌓아온 자산의 가치를 과소평가했던 것으로 보인다.

우리는 어려움에 처한 리더가 이해 당사자에게 솔직하게 사정을 털어놓고 도와주길 바라는 경우를 가끔 본다. 그런데 유감스럽게도 회사 사정이 나아지면 이 리더는 자신을 구해준 사람들과 원칙을 종종 잊어버리곤 한다.

> 호혜의 법칙은 중력의 법칙만큼이나 불변이다. 원칙이나 자연법칙을 위배하면 반드시 나쁜 결과를 맞게 된다. 우리는 모두 삶의 매 순간이 끝날 때 우리의 일상 활동에 대한 잔금을 지급받는다.

정치에서도 마찬가지다. 선출된 관료가 여론조사에서 인기가 떨어졌다가 유권자가 은총을 베풀어 두 번째 기회를 주었지만 결국 종전의 모습으로 돌아가는 경우가 자주 있다.

호혜적 관계는 건전한 투자수익률을 제공한다. 헌신하면 득이 된다. 장기적으로 보면 항상 뿌린 만큼 거둔다. 이것은 보편적 법칙이다. 헌신하면 다른 사람들의 마음에 깊은 영향을 주어 항상 10배로 당신에게 되돌아올 것이다.

다시 말하지만, 일에는 소비자와 공급자라는 두 관계밖에 없다. 우리는 모두 내부적으로나 외부적으로나 항상 두 가지 역할을 수행한다. 일의 본질은 관계다. 원칙에 단단히 뿌리내리고 있는 관계라면 결실을 맺을 것이다. 너그러움을 베풀면 항상 보답을 받는다.

고객이나 자녀 혹은 유권자를 한동안 속일 수 있을지는 몰라도 자연은 절대 속이지 못한다. 자연은 당신의 잘잘못에 따라 입금

하고 출금한다. 호혜의 법칙은 중력의 법칙만큼이나 불변이다. 원칙이나 자연법칙을 위배하면 반드시 나쁜 결과를 맞게 된다. 우리는 모두 삶의 매 순간이 끝날 때 우리의 일상 활동에 대한 잔금을 지급받는다.

적용 방법과 제안

◆

- 자기 자신과 잘 지내야 타인과도 잘 지낼 수 있다. "나 자신을 더 사랑하고 존중하면 다른 사람을 더 많이 좋아할 수 있고 나를 더 기꺼이 내줄 수 있다. 덜 방어적으로 되고 경계심이 줄며 마음을 열고 타인의 감정을 더 존중한다." 다음 질문에 대한 답을 써본다. 당신은 자신과 얼마나 잘 지내고 있는가? 자신과의 관계에서 어떤 어려움을 겪고 있는가? 자신에게 더 좋은 감정을 가지기 위해 무엇을 할 수 있는가?

- "어떤 관계가 얼마나 친밀한지는 일상의 사소한 일, 작은 예의, 친절한 행동, 짧은 순간의 양보에서 알 수 있다." 다음 질문에 대한 답을 일기에 적어본다. 직장과 집에서 중요한 관계를 개선하기 위해 오늘 당장 할 수 있는 간단한 방법은 무엇인가? 이 방법들을 실천하고 결과를 기록한다.

이제는 부모가 자식에게 어릴 때부터
다양성 속에 아름다움과 힘이 있다고 가르쳐야 할 때다.
– 마야 안젤루

14 아홉 번째 지렛대 **다양성**

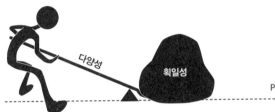

2차적 강점을 추구하는 사람은 자신과 똑같은 '복제인간'을 만드는 경향이 있다. 자신과 비슷한 사람들로 주변을 둘러싸고 자기 생각과 일치하는 의견만 듣는다. 다른 의견, 배경, 학력, 경험 등을 견디기 힘들어한다. 획일성은 당신을 억누르고 당신의 에너지를 소진시킨다. 1차적 강점의 보유자들은 다양성을 추구한다. 제한된 데이터와 편협한 사고 때문에 무능력해지면 성공하는 데 크게 방해가 된다. 다양성이 없으면 시너지를 내지 못하게 되고 시너지가 없으면 발전도 없다.

나는 팀원들이 서로의 차이를 극복하고, 긍정적이고 생산적인 관계를 유지하느라 분투하는데도 역시너지 효과가 나타나는 조직을 많이 보았다. 부정적인 인간관계는 종종 창의적 잠재력을 망가뜨린다. 좀 더 창의적이고 혁신적인 사고와 긍정적인 결과를 얻으려면 대인관계를 어떻게 개선해야 할까? 그 열쇠는 복제인간 만들기를 그만두고 다양성을 존중하는 것이다.

자신을 보완하는 팀을 만들기보다 자신과 비슷한 사람들로 주변을 둘러싸려는 경향은 본능적인 것이다. 그러나 복제인간들을 주위에 두면 부정적인 에너지가 생긴다. 다른 사람이 재능과 소질을 발휘하지 못하도록 억제하기 때문이다. 반면 자신을 보완하는 팀, 즉 목표는 같지만 여러 다른 역할, 인식, 방법, 접근 방식을 가진 사람으로 이루어진 팀을 만들면 여러 사람의 재능이 충분히 발휘되고 긍정적인 에너지가 뿜어져 나온다.

그렇다면 복제인간을 만들려는 경향이 왜 그렇게 팽배할까? 이는 자신과 비슷한 사람들을 만들면서 리더가 '가짜 안정감'을 느끼기 때문이다. 당신과 똑같이 생각하고 행동하고 말하는 사람들, 당신을 언급하고 당신의 말을 인용하며 당신과 똑같은 차림새를 한 사람들이 있으면 자신이 리더로 인정받는다고 느낄 수 있다. 다른 사람들이 당신과 비슷하게 되려고 하니 자신이 가치 있는 사람인 듯 느끼는 것이다.

하지만 이런 경우 사람들은 당신이 알아야 하는 게 아니라 당신이 듣고 싶어 하는 것만 말한다. 그래서 인위적인 조화나 일치, 획일성을 어느 정도 얻을 수 있을진 몰라도 창의성이나 시너지 효과, 통일성, 마음의 안정은 별로 얻지 못할 것이다.

불안한 마음, 세간의 평을 중요하게 여기는 마음이 복제인간을 만든다.

경제적 곤경을 겪으면서 많은 기업이 이 원칙을 배웠다. 실제로 오늘날 대부분 주요 조직이 다양성과 시너지 효과를 지지한다. 이런 조직에 관한 기사를 읽거나 리더의 이야기를 들으면 모두 팀, 다양성, 시너지 효과, 혁신에 관해 이야기한다. 글로벌 시장에서 최종적으로 우수한 성적을 내려면 이 원칙들이 꼭 필요하다. 점점 더 많은 리더가 제한된 데이터와 편협한 사고로 무능력해지는 것보다 성공을 망치는 건 없음을 깨닫고 있다.

이들은 동일성이 일체감이 아니며 획일성이 통일성이 아니라는 것을 안다. 각기 재능이 다른 사람들, 즉 비전과 목적은 같지만 다양한 역할, 인식 능력, 직무를 가진 사람들이 통일성을 이루는 것이 새로운 이상적인 모습이다. 내 경험에 따르면, 차이를 초월하는 목적과 공유하는 가치 시스템이 없으면 사람들 간의 차이가 시너지 효과 대신 역효과를 낳는다. 기본 원칙들이 통일되어 있지 않아서다. 기본 원칙들이 일치하면 차이를 극복하고 긍정적인 에너지를 낼 수 있다.

에릭 슈마허Eric Schumacher는 저서 《당황한 자들을 위한 안내서 A Guide for the Perplexed》에서 수렴적 문제와 발산적 문제에 관해 이야기했다. 수렴적 문제는 자동차에 생기는 문제와 비슷하다. 차에 기계적인 문제가 생기면 이것저것 점검하고 확인하면서 점차 한 가지 원인으로 생각을 모은다. 그러나 발산적 문제에서는 독특하고 의미 있는 초월적인 목표가 없는 한, 이 문제를 연구할

> 자신과 비슷한 사람들을 만들면 리더들은 가짜 안정감을 느끼게 된다. 당신과 똑같이 생각하고 행동하고 말하는 사람들, 당신을 언급하고 당신의 말을 인용하며 당신과 똑같은 차림새를 한 사람들이 있으면 자신이 리더로 인정받는다고 느낄 수 있다. 다른 사람들이 당신과 비슷하게 되려고 하니 자신이 가치 있는 사람인 듯 느끼는 것이다.
>
> 하지만 이런 경우 사람들은 당신이 알아야 하는 게 아니라 당신이 듣고 싶어 하는 것만 말한다.

수록 생각이 분산되고 의견 차이가 커지며 실패 가능성도 더 커진다.

슈마허는 프랑스의 국가 표어인 "자유, 평등, 박애"로 이 원칙을 설명했다. 평등과 자유를 지나치게 밀어붙이면 두 개념이 발산적 가치를 지니고 서로 반대 방향으로 움직인다는 것을 알 수 있다. 평등이란 모든 사람이 똑같이 대우받는 것을 뜻하는 반면, 자유는 모든 사람이 서로 다를 권리가 있음을 의미하기 때문이다. 두 개념보다 더 고귀한 가치가 박애다. 따라서 당신에게 사랑이나 박애라는 초월적 가치가 있으면 자유와 평등 사이에 갈등이 일어나지 않는다.

슈마허는 발산적 문제가 생기면 그 문제와 관련된 더 상위의 목적을 찾아야 한다고 말한다. 그러면 긍정적 에너지를 되찾을 수 있다.

예를 들어 예전에 아내와 내가 어떤 일을 상의하려고 건축업자와 건축가를 만난 적이 있다. 나는 건축업자에게 "이 프로젝트에 대한 건축가의 아이디어를 어떻게 생각하세요?"라고 물었다. 그러자 "괜찮다고 생각합니다"라는 대답이 돌아왔다. 내가 다시 "그 아이디어에 대해 어떻게 느끼세요?"라고 물었더니 그는 "건축가가 괜찮다면 저도 괜찮은 것 같아요"라고 대답했다. 나는 "당신이 진짜로 어떻게 느끼는지 말씀해주세요"라고 거듭 요청했고 그는 "음, 정말 괜찮은 것 같아요"라고 대답했다. 그래서 나는 "그렇다면 우리는 당신이 필요 없겠군요"라고 말했다. 그러고는 "무슨 뜻이죠?"라고 묻는 그에게 "두 사람의 의견이 똑같으면 한 명은 필요 없는 사람이에요. 시너지 효과가 없으니까요. 당신 생각을 솔직하게 표현하기 전까진 이 프로젝트에 당신이 낼 수 있는 최고의 아이디어를 포함하지 못하거나 팀이 시너지 효과를 내지 못할 겁니다"라고 설명했다.

그렇게 말하고 나자 회의에서 긍정적인 에너지가 극적으로 증가했다. 모두 자신의 의견을 충분히 피력하고 다른 의견들을 긍정적으로 생각하기 시작했다. 우리에게는 같은 목적이 있었다. 일을 바라보는 관점은 달랐지만 우리는 저마다 프로젝트에 독특한 특징을 불어넣었다. 그리고 그 독특한 차이가 강점이 되어 원래 아이디어보다 더 훌륭하고 시너지 효과가 발휘된 대안들을 도출할 수 있었다.

마음의 안정이 시너지 효과를 낳는다

집을 짓건, 제품을 디자인하건, 서비스를 제공하건, 부부관계를 개선하건 시너지 효과를 내려면 차이를 존중해야 한다.

그런데 왜 우리는 이 원칙에 동의하면서도 실천하지 못할 때가 많은 걸까? 우리가 프로젝트와 관계에서 시너지 효과를 얻지 못하는 주된 이유는 서로 간의 차이가 마음의 안정을 위협하기 때문이다. 그저 차이를 존중하는 게 바람직하다고만 하면 마음의 안정이 깨지기 쉽다.

차이를 완전히 존중하려면 공유된 비전, 공통의 목적, 원칙에 근거한 성실성에서 마음의 안정을 얻어야 한다. 그래야 모든 일을 지나치게 주관적으로 받아들이지 않고 자신의 생각을 조정하고 변경하면서 '내가 틀렸다'라는 사실을 쉽게 인정할 수 있다. 그러면 아주 긍정적이고 지원을 아끼지 않는 태도를 보이게 된다.

아들 조슈아가 고등학교 1학년 풋볼팀에서 쿼터백에 지원한 적이 있다. 어느 날 아들은 내게 실력에서 자신감이 나온다고 말했다. 하지만 나는 아들에게 이렇게 말해주었다. "네 자신감이 풋볼이 아니라 올바른 원칙대로 사는 데서 나온다면, 다시 말해 팀원에게 마음을 쓰고 한 팀으로서 협력하고 나날이 실력을 향상하고 코치에게 정직하게 대하고 긍정적 에너지와 팀의 시너지 효과를 얻기 위해 서로 간의 차이를 존중하는 법을 배운다면 자신감에서 실력이 나올 거야."

조슈아가 내 말을 들었는지는 확실하지 않다. 그런데 일주일 뒤 벌어진 시합에서 전반전에 선발 쿼터백으로 나선 소년이 부진한 경기력으로 코치들에게 야단을 맞았다. 그 소년은 중간휴식 시간에 라커룸에서 울어버리고 말았다. 그는 낙담하여 후반전에서 뛰려고 하지도 않았다.

나중에 조슈아는 내게 이렇게 이야기했다. "저도 시합에 들어가고 싶지 않았어요. 그 애는 친한 친구였고 저는 걔가 걱정됐거든요. 하지만 팀도 걱정돼서 제가 할 수 있는 최선이 무엇인지 생각했어요."

조슈아는 그 친구 그리고 코치들과 함께 친구의 강점인 스피드와 힘, 체격을 자신의 강점인 민첩성과 패스 능력으로 보완할 방법을 의논했다. 조슈아가 그렇게 했던 건 개인적으로 친구를 진심으로 걱정하고 힘을 북돋아주고 싶어서였다.

우리는 정체성, 마음의 안정, 자신감을 실력이나 지위 혹은 여론에서 얻어서는 안 된다. 우리가 공동의 비전과 사명을 공유한다면 서로를 단결시키는 의미 있고 초월적인 목적을 주축으로 자신의 정체성을 구축할 수 있다. 목적과 원칙, 비전과 가치관이 모두 필요하다. 사명서에 원칙만 담겨 있을 경우 우리는 좋은 사람이 될 순 있겠지만, 무엇을 위해 좋은 사람이 되겠는가? 원칙이나 가치관 없이 비전만 있다면 최고의 자리에 오를 수는 있겠지만, 피할 수 없는 몰락이 닥쳤을 때 많은 사람을 함께 끌어내릴 것이다.

'성공의 공통분모'를 찾는 데 일생을 보낸 보험업계의 전설적인 경영자 앨버트 E. 그레이Albert E. Gray는 다음과 같은 결론에 이르렀다.

"성공한 모든 사람의 비결은 실패한 사람들이 하고 싶어 하지 않는 일을 하는 습관을 들인 것이다."[11]

성공한 사람들도 그 일을 하기 싫긴 마찬가지였다. 하지만 하기 싫은 마음보다 이루고 싶은 목적의 힘이 더 강했다.

> 우리는 정체성, 마음의 안정, 자신감을 실력이나 지위 혹은 여론에서 얻어서는 안 된다. 우리가 공동의 비전과 사명을 공유한다면 서로를 단결시키는 의미 있고 초월적인 목적을 주축으로 자신의 정체성을 구축할 수 있다.

1차적 강점을 추구하는 모든 사람은 영감을 주는 비전과 의미 있고 초월적인 목적이 있어야 한다. 자신의 인식이나 방법에 얽매여서는 안 되고, 사람들과 일을 수행할 방법을 찾으려 노력할 때 서로의 차이를 존중해야 한다.

어느 날 나는 우리 회사의 이사회를 마치면서 공동의 목적이 우리를 결속시킨다는 것을 깨달았다. 모든 이사가 자신의 의견을 표현했고 목적 달성을 위해 제시된 방법들에 관한 의견이 매우 달랐다. 하지만 그 회의에서 부정적인 에너지는 전혀 느껴지지 않았다.

우리의 관계에 초월적인 공통된 목적, 공동의 비전, 공유된 사명이 있다면 많은 차이점을 극복할 수 있고 그 차이점들이 강점이 될 것이다. 사실 우리는 서로에게 차이가 있길 바란다. 그런 차이가 없다면 항상 불완전한 데이터와 편파적인 시각으로 제약을 받을 것이기 때문이다. 당신은 오로지 자신의 시각과 이력, 가치체계만 알 것이고 그러면 회사에서건 결혼생활에서건 이 렌즈를 통해 만사를 볼 것이다.

21세기의 업무환경은 우리에게 적극적으로 개입하고 사람들과 고객들의 말에 귀를 기울이며 협력관계를 구축하라고 요구한다. 이 모든 과정에는 본질적으로 다양성이 필요하기에 우리는 서로의 차이를 인정해야 한다.

긍정적인 시너지의 혜택

시너지 효과의 혜택에는 제품과 서비스, 관계의 개선이 포함된다. 당신은 전체가 부분의 합보다 크다는 걸 알게 되고, 창의적인 협력을 통해 혼자서는 절대 할 수 없는 일들을 해낼 것이다. 어느 모로 보나 절대 불가능할 것 같은 목표를 소규모 그룹에게 주고 해보라고 하면 이들은 그 일에 관한 새로운 사고방식을 제시할 것이다.

시너지 효과의 또 다른 혜택은 사람들을 결속시킨다는 것이다. 당신과 내가 힘을 합쳐 전에는 없던 무언가를 만들어내는 창의적인 경험을 할 때마다 그 기억이 우리를 결속시킨다.

자녀들과 창의적인 경험을 해본 적이 있는가? 그 경험이 아이들과의 관계에 어떤 영향을 미쳤는가? 아이들과 일대일 데이트를 할 때 나는 내 의도를 밝히고, 아이들도 자신의 생각을 마음껏 표현한다. 그런 뒤 우리는 독특하고 재미있는 일을 함께 한다. 실제로 딸 콜린에게는 나와 나눈 경험을 빼곡히 적은 일기가 여러 권 있다.

시너지의 또 다른 커다란 혜택은 문화적 면역체계가 생긴다는 것이다. 우리 문화에 이미 T세포와 백혈구가 존재하기 때문에 문제나 차이점에 대한 면역이 생긴다. 이미 불화와 싸워 이긴 적이 있으니 불화가 침투해도 물리칠 수 있다.

마지막 충고

한 현명한 아버지가 아들에게 배우자를 찾는 문제에 관해 이런 조언을 했다.

"가능한 한 비슷한 점을 많이 찾으렴, 어쨌거나 차이점은 충분히 있을 테니."

어느 정도 일리가 있는 말이다. 나는 회사들이 차이를 추구하고 다양성이라는 대의를 지지하는 데 큰 노력을 기울인 뒤 불화로 심각한 문제가 생기는 경우를 보았다. 그 이유는 기본적인 부분을 공유하지 못했기 때문이다.

가장 중요한 공통점은 인종이나 종교, 성별, 국적이 아니라 경영철학, 조직목적, 가치체계, 인지 공유와 관련이 있다. 예를 들어 당신과 배우자가 자녀를 기를 때 기본적인 목적이 다르다면 육아에 대한 서로 다른 접근 방식이 부부 사이를 갈라놓을 수도 있다. 공통된 비전과 사명이 있다 해도 여전히 그 문제들에 대해 의사소통하는 데 어려움을 겪는다. 하지만 두 사람 모두 더 상위의 가치에 초점을 맞추면 제3의 대안을 찾아내거나 한 사람이 "음, 이 문제는 내게는 그리 중요하지 않으니 당신 방식대로 합시다"라고 말할 것이다.

> 성공한 모든 사람의 비결은 실패한 사람들이 하고 싶어 하지 않는 일을 하는 습관을 들인 것이다. -앨버트 E. 그레이

다양성 프로그램을 도입하면서 어려움을 겪는 기업이 많다. 리더가 다양성을 높여야 한다는 점은 충분히 인식하면서도 채용과 승진에 관련해 경솔한 결정을 내리기 때문이다. 다양성을 위한 다양성을 추구하면 형식주의에 그치거나 더 나쁜 경우 다양성의 주요 숙제를 해결할 준비가 전혀 되지 않은 사람들에게 폭탄을 투하하는 꼴이 될 수 있다.

우리는 아주 열렬히 원하는 것을 쉽게 믿어버리는 경향이 있다. 그러나 다양성을 너무도 열렬히 원하는 나머지 언제, 어디에서건 다양성을 밀어붙이면 시너지 효과보다는 불화가 나타날 것이다.

내가 하고 싶은 말은 다양성에 융통성 있는 제한을 두라는 것이다. 그저 다양성을 위한 다양성을 모색할 게 아니라 핵심적인 사안에 공통점이 있어야 한다. 서로의 목적과 가치는 같거나 비

숫한 점이 있어야 하며, 바라건대 그 가치들은 원칙을 바탕으로
해야 한다.

　궁극적으로 마음의 안정은 더 고귀한 목적과 원칙을 진실하게
추구하는 데서 나온다.

적용 방법과 제안

◆

- 일기에 다음 질문에 대한 답을 적어보라. 똑같은 차림새에 서로 비슷한 생각과 행동을 하는 복제인간들로 이루어진 팀에는 어떤 위험이 있는가? 이런 위험이 나타난 예를 직접 본 적이 있는가?

- 보완적 팀에서는 서로 다른 재능을 가진 사람들, 비전과 목적은 같지만 다양한 역할과 인지능력, 직무를 가진 사람들이 모여 통일성을 이룬다. 당신의 팀을 좀 더 서로를 보완해주는 팀으로 만들기 위해 할 수 있는 일은 무엇인가? 당신의 팀에서 등한시되고 있는 재능은 무엇인가? 어떤 집단사고가 팀을 방해하는가? 당신의 팀에서 빠져 있는 재능은 무엇인가?

- 다음 질문에 대한 답을 적어본다. 유달리 창의적이거나 높은 시너지 효과를 얻었던 경험을 생각해보라. 그 경험에서 다른 사람들이 어떤 역할을 했는가? 어떻게 하면 그러한 시너지 효과를 불러오는 상황을 다시 만들 수 있는가?

배우기를 멈춘 사람은 스무 살이든 여든 살이든 늙은이다.
배움을 계속하는 사람은 언제나 젊다.

– 헨리 포드

15

열 번째 지렛대 학습

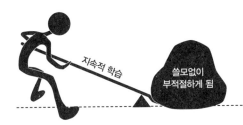

지속적 학습

쓸모없이
부적절하게 됨

PRIMARY GREATNESS

2차적 강점은 배움이 별로 필요하지 않지만, 1차적 강점은 배움이 필요하다. 일을 할 때 지속적으로 기술과 지식을 향상하지 않는 사람은 시간이 지나면 신뢰성이 낮아진다. 그뿐만이 아니다. 배움은 그 자체로 가치 있는, 이른바 **핵심적 선**primary good이다. 배우기를 좋아하고 지혜를 구하면 가치 있는 삶을 일구는 데 도움이 된다. 우리는 모두 자기 자신뿐 아니라 우리 삶에서 소중한 사람들이 끊임없이 배우고 발전하도록 해야 하는 도덕적 의무가 있다.

우리는 일과 관련해서 계속 공부해야 한다는 말은 자주 하지만 삶을 지배하는 하나의 원칙으로서 배움을 이야기하지는 않는다. 하지만 사실 지속적인 학습은 삶의 구원자 역할을 한다. 계속해서 공부하지 않으면 곧 쓸모없고 부적절한 사람이 되어버릴 것이기 때문이다.

나는 우리가 모두 직업과 별개로 계속 학습하고 발전할 의무가 있다고 주장한다. 또한 평생학습이란 거창한 캠페인이나 프로그램, 학위와 자격증이 아니라 매일의 짧은 공부 시간과 적절한 실무 훈련을 뜻한다고 생각한다. 배움이라는 지렛대를 날마다 조금씩 누르면 늘 똑똑하고 쓸모 있는 사람이 될 수 있다.

지속적 학습에는 균형이 중요하다. 나는 개인의 발전과 조직의 발전, 업무와 관련된 현재의 요구와 향후의 요구, 자신이 속한 업계와 관련된 학습과 교양교육 사이에서 균형을 맞추라고 권한다. 학습할 때는 개인적·직업적으로 받은 피드백을 바탕으로 하여 체계적으로 접근해야 하고 이론과 실제, 교양과 학문의 균형을 맞추어야 한다.

또한 세상에 더 많은 도움이 되고 싶은 마음이 학습과 발전의 동기가 되어야 한다. 애덤 스미스Adam Smith가 저서 《도덕감정론 The Theory of Moral Sentiments》에서 말한 것처럼, 그런 고결한 의도는 1차적 강점으로 실현된다. 직원의 학습과 훈련에는 투자하지 않으면서 그들의 기존 지식과 훈련된 상태를 이용하기만 하는 조직이 너무 많다. 마찬가지로 조직이 제공하는 훈련과 교육 기회를 이기적인 목적으로 이용하는 직원도 많다.

그런 식의 '이기적 행동'은 조직과 개인 모두에게 큰 손실을 남기며, 양쪽 다 그 책임이 있다. 조직은 인력의 훈련과 개발에 많은 투자를 해야 하고, 기업의 훈련 프로그램을 이용한 사람은 그 투자에 보답해야 한다. 애덤 스미스는 개인과 조직이 발휘해야 하는 미덕의 에너지에 관해 이야기했다. 개인과 조직 모두 서로에게 책임감을 느껴야 한다. 스미스는 자유기업제도가 제대로 기능하려면 모든 경제적 관계가 미덕과 서로에 대한 배려를 바탕으로 형성되어야 한다고 말했다.

> 우리는 모두 계속 학습하고 발전할 의무가 있다. 평생학습이란 거창한 캠페인이나 프로그램, 학위와 자격증이 아니라 매일의 짧은 공부 시간과 적절한 실무 훈련을 뜻한다.

기업의 책임

나는 기업의 요구를 분석하면서 지속적인 학습 문화를 조성하고 지식근로자가 지속해서 기술을 발전시키고 최신 기술을 익히지 않으면 경쟁력이 없다는 것을 분명하게 알 수 있었다.

내 추측으로는 현재 노동인구의 약 20퍼센트가 시대에 뒤떨어져 있다. 학업을 마치면 교육이 끝난다는 문화적 규범을 극복하지 못할 경우 10년 후에는 또 다른 20퍼센트가 시대에 뒤처진 사람이 될 것이다. 우리는 개인적·직업적으로 계속 발전해나가기 위해 큰 노력을 기울여야 한다.

리츠칼튼 호텔의 공동 창업자인 호르스트 슐체Horst Schulze는 매일 훈련이 필요하다고 주장했다. 그는 사람들이 날마다 새로운 무언가를 배워야 한다고 믿었다. 이 호텔은 매일 짧은 실무 훈련 시간이 있는데, 이 시간은 대부분 전 직원이 참여하는 상호 대화로 이루어진다. 호텔 매니저는 매일 본사에서 받은 메시지들을 직원의 요구에 맞게 조정한다. 전 직원에 대한 이러한 체계적인 훈련은 많은 칭찬을 받아 마땅하다. 하지만 내 짐작으로 호르스트 슐체는 이런 훈련에 비용이 너무 많이 든다는 불평을 자주 들었을 것 같다. 그러나 우리가 사는 세계가 급속하게 변화한다는 점을 감안하면 이런 훈련을 하지 않았을 때 틀림없이 훨씬 더 큰 비용이 들 것이다. 나는 모든 비용편익분석에서 지속적인 훈련과 교육을 중요하게 여겨야 한다고 생각한다.

하지만 지속적 학습의 가치를 모르는 사람이 많다. 대부분 경영자는 체계적 훈련과 개발이라는 투자를 받지 못했고, 그 때문에 이들의 부하 직원과 제품, 조직은 시대에 뒤떨어질 위험에 처한다. 또한 경쟁적 환경으로 조직이 시대에 뒤떨어지면서 그런 경영자의 자리도 불안해진다.

오늘날에는 더는 종신 고용이라는 심리적 계약이 보장되리라고 장담할 수 없다. 안전하려면 시장이 원하는 것을 계속해서 만들어낼 수 있어야 하며, 그 요구들은 끊임없이 변화하고 있다. 배우고 변화하고 성장하고 발전하여 시장의 요구에 부응하지 않으면 안전이란 없다. 안전은 지속적인 학습 능력에 달려 있다.

개인적 책임

우리는 직업에서의 발전을 조직에만 맡기지 말고 개인적으로 책임져야 한다. 주도적인 사람은 무엇을 배우면 가장 좋을지에 대한 정보를 조직에서 얻을 것이다. 하지만 실제로 배우는 건 개인의 몫이다.

자신의 학습과 직업적 발전에 더 큰 책임감을 지닐수록 조직을 학습을 보완해주는 곳으로 생각하기 시작한다. 학습의 1차적 책임을 조직에 떠넘기지 않으며, 자신의 업무에서 뛰어난 성과를 내는 데 필요한 모든 학습과 훈련을 조직이 기꺼이 제공할 것이라고 기대하지 않는다. 하지만 조직이 학습 기회를 제공할 경우 관련된 훈련을 충분히 이용하고 조직에 크게 기여함으로써 이를 되갚는다.

기업이 할 수 있는 일에는 한계가 있으며 나머지는 개인에게 달려 있다. 자신의 개인적·직업적 개발 프로그램을 짤 때는 조직의 요구를 고려해야 한다. 그러지 않으면 잘못된 판단에 따른, 혹은 시대에 맞지 않는 자기계발을 하고 있을 수 있다. 자기계발은 경제, 산업, 회사 그리고 자신이 현재 맡은 직무와 관련 있어야 한다.

하지만 자신의 회사나 직무가 시대에 뒤떨어졌을 경우 내가 쓸모없는 사람이 되지 않도록 전반적인 의미에서의 자기계발도 필요하다. 업무와 관련 있는 자기계발에만 신경 쓰면 시장의 힘 앞에서 더 취약한 존재가 된다. 현재 하는 일에서 유능한 전문가가 되는 한편, 개인적인 교양교육 프로그램을 시작하고 지속해야 한다.

나는 매일 한두 시간 공부하는 것이 가장 좋다고 생각한다. 또한 한 달에 하루 정도 현재 직무뿐 아니라 앞으로 우리가 기여할 수 있는 부분과 체계적·개념적으로 연결된 훈련을 받아야 한다. 내 경우 한 달에 하루 정도 훈련 시간을 잡아놓고 매일 한두 시간 일반적인 공부 시간을 빼둔다.

자기계발 분야들

업무와 관련해 대부분 사람이 학습해야 할 분야에는 다음과 같은 것들이 있다.

• **분석 및 통합 기술.** 지식근로자는 심지어 공장 현장에서도 사고력을 갈고닦아야 한다. 특히 데이터를 수집, 분석, 통합하는 분야는 더욱 그러하다. 데이터 분석은 이 세기에 가장 필요한 기술 중 하나다. 예를 들어 우리 회사의 한 프로젝트에서 약간 피상적인 분석이 이루어져 신제품에 대한 시장이 거대하다는 결과가 나왔다. 하지만 분석 훈련을 잘 받은 한 직원이 몇 시간 안에 다른 결론을 내렸다. 실제로 그 제품의 시장이 크지 않다는 것이 곧 분명해졌다.

- **개인적 독서 프로그램.** 먼 옛날에 받았던 교육과 훈련으로는 충분하지 않다. 깊이 있는 분석을 제공하는 〈하버드비즈니스 리뷰〉, 〈포춘〉, 그 외의 간행물을 읽어 업계 동향을 따라잡아야 한다. 나는 또한 〈비즈니스위크〉, 〈월스트리트저널〉 같은 주간 경제잡지와 신문도 읽으라고 권한다. 과학, 정치, 예술 분야의 저명한 잡지를 훑어보는 것도 잊지 말아야 한다. 주요 소셜미디어 사이트들은 업계에 관해 시사점이 많은 분석을 신속하게 제공하니 확인해야 하고, 사업과 리더십에 관한 좋은 신간을 검토하는 것도 필수다.

- **고전문학.** 개인적 학습 프로그램을 짤 때, 훌륭한 문학 작품을 접하는 것에도 심혈을 기울여라. 내 경우에는 학부 시절 여기에 큰 노력을 기울이지 않았다고 생각해 이를 보상하려고 수년 동안 애썼다. 내 아이 중 두 명은 영문학을 전공하여 위대한 고전문학을 공부했는데, 나는 그 공부가 아이들에게 어떤 균형감과 지혜를 주었는지 볼 수 있었다.

- **개인 대학.** 당신만의 대학을 설립하라. 인터넷에 접속하여 학습의 질을 높이고 중요한 통찰력을 제공할 테드 토크TED Talks*와 온라인 공개강좌MOOC 등을 찾는다. 온라인이나 오프라인의 독서 클럽에 가입해도 좋다. 오늘날은 주도적인 사

- 기술, 엔터테인먼트, 디자인 등의 분야에서 세계 최고의 명사들이 참여해 '퍼뜨릴 만한 가치가 있는 아이디어(Ideas worth spreading)'를 나누는 강연.

람이 자신의 학습과 직업적 발전을 개인적으로 책임질 수 있고, 자신만의 교육과정을 설계하여 개인 대학을 세울 수 있는 여건이 충분히 조성되어 있다.

적용 방법과 제안

◆

- 당신은 개인적·직업적 자기계발을 위해 지속적인 노력을 기울이고 있는 가? 다음 질문에 대한 답을 적어본다. 당신은 어떤 분야의 지식이나 기술을 향상해야 하는가? 이를 위한 노력을 방해하는 요소가 무엇인가? 이 방해 요소들을 어떻게 없앨 수 있을까? 어떤 학습 기회를 이용할 수 있을까? "이 날짜까지 _____의 자격증을 딸 거야"라거나 "이 날짜까지 ____의 온라인 강좌를 다 들을 거야"라는 식으로 학습목표나 이정표를 정하기 바란다.

- 온라인에서 이용할 수 있는 풍부한 자원들로 자신만의 대학을 세우고 지속적인 학습이 이루어지도록 목표를 세운다. 시대의 흐름에 뒤처지지 않으려면 어떤 사이트, 잡지, 팟캐스트 혹은 세미나를 이용하는 게 좋을까? 정기적으로 보면 좋은 사이트들을 즐겨찾기에 저장하고 매주 그 자료를 확인할 시간을 확보한다.

말은 높은 곳에서 떨어진 달걀과 같다. 다시 주워 담을 수도,
떨어지면서 생긴 지저분한 쓰레기를 못 본 척할 수도 없다.

－스티븐 코비

16 열한 번째 지렛대 쇄신

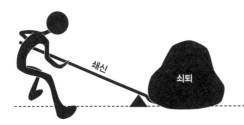

쇄신

쇠퇴

PRIMARY GREATNESS

자기 자신을 방치하면 1차적 강점을 얻을 수 없다. 삶에서 중요한 부분인 건강, 마음, 감정적·정신적 생활은 모두 지속적으로 쇄신해야 하고 매일 새롭게 가다듬어야 한다. 쇄신이라는 지렛대를 날마다 조금씩 누르면 기력이 약해지거나 치명적으로 줄더라도 이를 채워 넣고 생명까지 구할 수 있다.

수년 전부터 나는 학생과 기업의 관리자들에게 매일, 매주 자신을 쇄신하라는 원칙을 가르치기 시작했고, 내 책《성공하는 사람들의 7가지 습관》의 '습관 7: 끊임없이 쇄신하라' 부분에 이 원칙이 설명되어 있다. 에이브러햄 링컨Abraham Lincoln은 "내게 나무를 벨 시간이 두 시간 주어진다면 나는 그중 한 시간을 도끼를 가는 데 쓸 것이다"라고 말했다. 이 인용구는 여러 버전이 존재하긴 해도 담긴 원칙은 하나다. 너무도 당연한 격언처럼 들리지만 실제로 톱질(일, 생산, 실행)을 하는 데만 바빠서 잠깐 일을 멈추고 톱 갈기(휴식, 재충전, 공부, 준비, 숙고, 재고, 재정비, 새로운 활력 얻기)를 하려는 사람이 많지 않다. 그렇다고 새로운 첨단기술을 적용한 강력한 톱에 투자하지도 않는다. 그 대신 비효과적인 도구들, 즉 서투른 사회성 기술과 둔해진 머리, 지친 몸, 약해진 정신으로 그저 일에 매달린다.

4가지 가정

나는 사람들에게 인간의 본성을 구성하는 신체적·정신적·사회적·영적 영역에 대해 다음과 같이 가정하고 행동하라고 권한다. 이 4가지 영역을 개인적·직업적(전문적)으로 자주 쇄신할 때 궁극적인 시너지 효과가 나타난다.

신체적 가정: 자신이 이미 한 번 심장마비(개인적)나 사업 실패(직업적)를 겪은 적이 있다고 상상한다

그러면 훨씬 더 보람 있는 삶을 살 수 있도록 몸에 좋은 운동을 하고 균형 잡힌 영양을 섭취하며 신중하고 현명하게 살아야 한다는 전제하에 행동하게 된다. 심장마비를 경험한 사람은 대부분 생활 방식이 급격하게 변화한다.

내 친구 진 돌턴Gene Dalton은 하버드 경영대학원에서 교수 생활을 할 때 연이은 심각한 심장마비로 거의 목숨을 잃을 뻔했지만 이후 25년을 더 살았다. 돌턴은 이렇게 건강에 중대한 적신호가 켜지자 스트레스를 덜 받는 일자리로 옮기고 생활 방식도 완전히 뜯어고쳤다. 그는 브리검영대학교Brigham Young University로 자리를 옮겨 25년 넘게 생산적 리더십을 가르쳤다. 나는 애틀랜타의 공항에서 이 친구를 만난 적이 있는데, 그는 비행기를 갈아타려고 대기하는 중에도 공항 대합실을 왔다 갔다 걷고 있었다. 날마다 운동을 하자 생활에 커다란 변화가 나타났다고 했다. 돌턴은 먹는 것도 조심해서 먹었다. 그러려면 많은 것을 참아야 했지만, 조심하지 않으면 더 괴로운 상황이 닥친다는 걸 잘 알았기 때문에 생활 방식을 바꿔야 한다는 의지가 굉장히 강했다.

정신적 가정: 당신이 보유한 지식(개인적)과 기술(직업적)이 3년 안에 구식이 되어 쓸모없어진다고 상상한다

이렇게 가정하면, 그리고 이 가정이 정확하다면 당신은 진지하게 체계적인 공부와 독서에 돌입할 것이다. 지금의 편협한 관심사나 특기나 안전지대 안에 머물지 않고 자신의 분야에 관해, 그리고 세상을 변화시키고 있는 파괴적인 힘에 관해 더 광범위하고 심도 있게 읽고 생각할 것이다. 우리는 전략적으로 생각하는 법을 배워 자기 분야의 기저를 이루는 가정과 패러다임을 검토할 수 있어야 한다. 새로운 패러다임이나 공정이나 제품이 나오면서 이 가정과 패러다임이 구식이 될 수 있기 때문이다. 무계획적인 공부나 팟캐스트 혹은 오디오북 몇 개를 들어서 얻는 외부적인 동기부여는 도움이 될 순 있지만 충분하지 않다. 나는 자기 분야 이외의 잡지, 당신의 사고에 이의를 제기하는 간행물을 한 달에 네 권 정도 읽으라고 권한다. 당신의 영역과 지평을 계속해서 확장해나가야 한다. 그러려면 평판이 높은 온라인 사이트와 잡지에 실리는 중요한 글과 책도 읽어야 한다.

당신의 경력을 검토하여 앞으로 위험을 불러올 요소가 있는지, 경력에 치명적인 사고가 일어날 가능성이 있는지 살피고 예방 조치를 취한다. 당신이 원하는 미래를 만들 수 있도록 철저하게 준비해야 한다.

사회적 가정: 집에서건(개인적) 직장에서건(직업적) 당신이 다른 사람에 대해 하는 모든 말이 당사자의 귀에 들릴 것이라고 상상한다

다른 사람에게 비판적일 수는 있지만, 당사자가 듣고 있다고 느낀다면 훨씬 책임감 있고 건설적인 비판을 할 것이다. 그러니 항상 그런 가정하에 행동하는 것이 어떤가? 그 자리에 함께 있는 사람에 대한 믿음을 유지하고 그 자리에 없는 사람에게 신의를 지키고 싶다면 명심하라. 비판이라는 칼로 흥한 자는 비판이라는 칼로 망하기 마련이다. 무책임한 비판과 험담은 인격을 떨어뜨리고 문화의 덕성을 해친다.

언젠가 〈사이언티픽아메리칸〉에서 과학자들이 소리를 복원하는 기술을 개발하고 있다는 이야기를 읽은 적이 있다. 이 기술은

"당신이 무심코 하는 모든 말이 지붕 꼭대기까지 울려 퍼질 것이다"라는 옛 속담에 새로운 의미를 부여한다. 이 원칙을 실천하면 어떤 관계에서도 더 책임감 있게 행동할 테고, 이런 태도는 모든 일과 당신이 상호작용하는 모든 사람에게 좋은 영향을 미칠 것이다.

비판이라는 칼로 흥한 자는 비판이라는 칼로 망하기 마련이다. 무책임한 비판과 험담은 인격을 떨어뜨리고 문화의 덕성을 해친다.

영적 가정: 당신이 사랑하고 당신을 사랑하는 사람들(개인적) 그리고 상사 및 팀원들(직업적)과 곧 일대일 결산 면담을 한다고 상상한다

이 개인 면담에서 당신은 자신의 책무를 설명할 것이다. 건강과 체력을 얼마나 잘 유지하고 있는지, 무엇을 학습했는지, 지식과 기술을 얼마나 효과적으로 사용했는지, 다른 사람에게 얼마나 진실하고 신의를 지켰는지, 특히 당사자가 없을 때 그 사람에 대해 어떻게 말했는지, 당신 본성의 정신적 면을 어떻게 성장시키고 있는지 이야기할 것이다. 상사 및 동료들과도 이와 비슷한 면담이 곧 예정되어 있다고 상상한다. 물론 지금도 기업마다 연간 실적 평가회 같은 자리가 있을 수 있지만, 이 360도 다면진단은 당신의 업무 실적과 "당신이 다루어야 했던 일에서 무엇을 했는가?"같은 주요 질문에 대한 당신의 생각도 참고할 것이다.

이렇게 가정했을 때의 효과

그렇다면 이 4가지 가정이 왜 그렇게 효과적일까? 이 가정들에 따라 행동하면 가장 중요한 일을 먼저 하게 된다. 대대적인 패러다임 전환이 일어나면서 상황을 완전히 다르게 보기 시작하기 때문이다. 패러다임을 전환하면 행동이나 태도를 바꾸려 노력하는 것보다 더 효과적이다.

이 4가지 가정에 따라 일하다 보면 이들이 서로 밀접하게 연결되어 있음을 알게 될 것이다. 신체적 측면을 돌보면 혁신적인 사고를 할 수 있는 기운이 조성되고, 자신이 하는 모든 말을 다른 사람이 들을 것이라 생각하고 행동하면 인간관계가 개선될 뿐 아니라 정신 건강도 향상될 수 있다. 각각의 가정이 저마다 보상을 안겨준다.

신체적 보상

건강을 지키기 위한 조치를 취하면 수명이 늘어날 뿐 아니라 삶의 질도 향상된다. 더 오래 좋은 컨디션을 유지하고 성과를 낼 수 있는 전성기가 길어질 것이다. 많은 건강한 노인이 말년에 최고의 성과를 내고 오래 지속되는 유산을 남겼다.

정신적 보상

계속해서 배우고 공부하는 사람은 미래에 기회가 올 때 붙잡을 준비가 갖추어져 있을 것이다.

지속적으로 학습하면 경제에 온갖 변화가 생겨도 흔들리지 않는다. 하지만 학습을 중단하면, 특히 경력 발달에 필수적인 분야의 공부를 게을리하면 곧 시대에 뒤처진 사람 취급을 받을 것이다. 그러면 피해의식이 생겨 조직을 탓하기 시작할 수도 있다. 하지만 사실은 당신이 조직에 도움을 주지 못하는 사람이 된 것뿐이다. 보유한 기술이 쓸모없어졌기 때문이다.

사회적 보상

사회적·직업적 관계에서 사람들과 더 공감하고 더 높은 시너지 효과를 얻을 것이다.

당신이 하는 말이 다른 사람의 평판에 어떤 영향을 미칠지 신경 쓰면 그런 시각에서 상황을 보게 되고 먼저 그 사람을 이해하려고 할 것이다. 또한 자신의 생각을 표현하고 다른 사람들의 이해를 얻으려 노력하는 데 필요한 용기와 확신을 얻어 가치 있는 목적을 이루고 프로젝트를 완수할 수 있다.

영적 보상

내면의 평화를 얻고 자신의 능력에 새로운 자신감이 생길 것이다. 언제든 자신의 삶이 끝날 수 있다고 생각하면서 행동하면 선택의 순간이 왔을 때 올바른 판단을 내리는 데 도움이 될 것이다. 의식적으로 옳은 일을 하겠다는 선택을 하면 내면의 평화가 찾아온다. 또한 자신의 능력에 자신감이 생기는 추가적인 장점도 있다. 지속적으로 자신을 쇄신하면 개인적·직업적으로 가장 높은 수준의 목적을 추구할 능력을 유지할 것이다.

적용 방법과 제안

◆

- 다음 각 시나리오에 어떻게 대응할지 일기에 적어본다.
  - 당신은 심장마비를 겪었다. 앞으로 어떻게 변할 것인가?
  - 지금 당신이 보유한 지식이 2년 뒤 구식이 된다는 걸 안다면 어떻게 할 것인가?
  - 당신이 다른 사람에 관해서 하는 모든 말을 당사자가 들을 수 있다는 걸 안다면 당신의 대화가 어떻게 바뀔 것인가?
  - 곧 상사 및 팀원들과 일대일 결산 면담을 할 것이라고 가정하자. "당신이 다루어야 했던 일에서 무엇을 했는가?"라는 질문에 어떤 대답을 하겠는가?

- 톱날을 갈 수 있는 좋은 방법들(휴식, 재충전, 공부, 준비, 숙고, 재고, 재정비, 새로운 활력 얻기)을 생각해보자. 매일, 매주 해야 하는 우선순위에 이 방법들을 어떻게 포함시킬까? 주간 계획을 세울 때 신체적·사회 정서적·정신적·영적 영역에서 톱날을 갈 시간을 마련하기 바란다.

배를 만들고 싶거든 사람들에게
'목재를 모아 오게 하고 일감을 할당하기'보다는
한없이 넓은 바다에 대한 동경심을 키워주어라.
− 앙투안 드생텍쥐페리

17 열두 번째 지렛대 가르치기

PRIMARY GREATNESS

지금까지 배운 1차적 강점의 지렛대들을 몸에 배게 하는 가장 좋은 방법은 무엇일까? 간단하다. 이 지렛대들을 다른 사람에게 가르치는 것이다. 그렇게 하면 당신은 이를 더 깊이 이해할 수 있다. 다른 사람들은 당신이 그 원칙들을 모범적으로 실천하는 모습을 보여주길 기대할 테고, 당신은 1차적 강점의 권위자가 될 것이다.

이 이야기는 1975년에 시작된다. 나는 새너제이주립대학교San Jose State University에서 월터 A. 공Walter A. Gong 박사에게 교수법 수업을 듣고 있었다. 박사의 가르침은 간단히 말해 "무언가를 배우는 가장 좋은 방법은 그것을 가르치는 것이다"였다. 나는 공 박사가 가족에게 이 원칙을 매일 실천하는 모습에 깊은 인상을 받았다. 박사는 매일 저녁을 먹으면서 아들 게릿과 브라이언, 딸 마거리트에게 그날 학교에서 배운 내용의 요점을 설명해달라고 했다. 훗날 세 아이는 옥스퍼드대학교, 스탠퍼드대학교, 플레처스쿨Fletcher School of Law and Diplomacy에서 박사학위를 받았다.

이 원칙이 효과적이라는 건 모든 사람이 안다. 사실 너무나 당연한 이야기다. 하지만 기업이나 심지어 교육 분야에서도 이 원칙이 실제로 많이 적용되고 있지는 않다. 그러나 내가 훈련과 개발 분야에서 배운 가장 중요한 교훈은 당신이 배운 걸 다른 사람에게 가르치라는 것이다.

공 박사는 모든 학습자는 3가지 역할을 한다고 보았다. 첫째, 중요한 지식을 포착하거나 이해한다. 둘째, 자신의 목적과 가치를 위해 이 지식을 발전시키거나 자신의 삶에 적용한다. 셋째, 다른 사람이 혜택을 보고 성장할 수 있도록 이 지식을 가르친다. 배운 것을 다른 사람에게 가르치면 본인이 엄청난 성장을 이룰 수 있다. 따라서 우리는 자신이 맡은 모든 분야에서 스스로를 학습자이자 선생으로 보아야 한다.

1970년대 중반에 내가 이 단순한 지렛대를 누르기 시작하자 학습에 급격한 진전이 나타났을 뿐 아니라 가르치는 실력도 향상되었다. 나는 더 많은 학생을 가르치는 방법뿐 아니라 훨씬 많은 청중에게 더 큰 영향을 주는 방법을 발견했다.

처음 대학에서 가르칠 때 나는 20~25명으로 이루어진 반으로 시작했지만 나중에는 한 학기에 500~1,000명에 이르는 학생을 가르쳤다. 강사 대 학생 비율이 1대 1,000이 되었지만, '가르치면서 배우기'를 실시함으로써 그 비율을 1대 1로 줄일 수 있었다. 대부분 경우 학생들은 그 어느 때보다 성적이 크게 향상되었다. 실제로 내 학생들 대부분은 20명으로 구성된 그룹보다 1,000명이 듣는 수업에서 더 많은 것을 배웠다. 서로에게 일대일로 가르쳤기 때문이다.

모든 사람이 지식과 기술을 향상시켜야 한다. 우리는 모두 학교로 돌아가야 한다. 누구나 훈련과 교육을 받아야 하고 사고방식과 기술을 향상시켜야 한다고 강조하는 것은 세계경제의 요구에 대응하기 위한 것이다.

동료들과 나는 이 방법을 우리 워크숍에도 적용시켜 참가자들에게 자신이 배운 것을 서로서로 가르쳐보라고 한다. 이 짧은 연습을 해보면 참가자들은 배운 내용이 더 빨리 습득된다는 느낌을 받는데, 이 경험은 이들의 학습과 응용에 큰 차이를 불러온다. 다시 한번 말하지만, 배운 것을 다른 사람에게 가르쳐야 한다는 걸 알고 있으면 더 열심히 공부하게 된다.

배운 내용을 포착하는 방법

대부분 사람은 배운 내용의 핵심을 포착하고 표현하는 능력을 기르지 않았다. 공 박사는 다섯 개의 주제로 필기를 하여 배운 내용을 포착하는 방법을 가르쳤다.

목적: 강사나 발표자의 중요한 목적을 파악하려고 노력한다. 강사가 체계적으로 강의하지 못하거나 교수법이 서툴러도 '저 사람이 이것을 가르치는 목적이 무엇인가?'를 생각함으로써 배운 것을 머리에 정리하고 필기할 수 있다.

요점: 가장 중요한 점이나 중심 메시지가 무엇인가?

확인: 어떤 증거나 예가 제시되었는가? 강사가 자신의 주장을 어떻게 입증했는가?

적용: 이 요점들을 삶에 어떻게 적용할 수 있는가?

가치: 강사가 이번 강의에 어느 정도의 가치를 부여했는가?

가르치면서 배울 때의 4가지 이점

나는 이 원칙을 적용하면 4가지 큰 이점이 있다고 생각한다.

다른 사람을 가르치면 당신이 더 잘 배우게 된다

주된 이유는 당신의 책임이 바뀌었기 때문이다. 자신이 교사라고 생각하면 학습에 대해 훨씬 더 책임감 있는 태도를 취하게 된다. 무언가를 가르쳐야 한다는 걸 알면 그것을 배우려는 의지가 더 높아진다. 단지 수업을 듣고 배우는 입장이 아니라 자신을 교사이자 멘토로 생각하게 되기 때문에 훨씬 더 우수한 학습자가 되는 것이다.

당신이 공감하는 무언가를 가르치면 그 내용에 따라 살아갈 가능성이 커진다

무언가를 가르치면 당신은 그 내용을 사회적으로 선언하게 되는 셈이고 당신이 가르치는 사람들에 대한 책임감이 생긴다. 그들은 당신이 자신들에게 가르친 대로 살 것이라 기대한다. 무언가를 가르치면 일종의 사회적 지지 시스템, 사회적 기대 혹은 무언의 사회적 계약이 생긴다. 자신이 가르친 것을 지키면서 산다면 당신에 대한 신뢰가 높아지며 당신의 가르침이 사람들에게 더 많은 영감을 주고 동기를 부여한다.

당신이 배운 것을 가르치면 사람들과의 유대감이 높아진다

훌륭한 교사에게서 영향을 받은 사람은 그에게 강한 친밀감을 느낀다. 그런 사람들이 교사에게 얼마나 큰 감사와 존경을 보내는지 관찰해보라. 또한 자신이 가르친 내용에 진심으로 관심을 보이는 학생에게 교사가 어떻게 보답하는지도 살펴보라. 남을 가르치다 보면 관계가 돈독해지고 유대감이 생긴다.

당신이 배우고 있는 무언가를 가르치면 당신 자신의 변화와 성장이 촉진된다

자신을 (그리고 남들이 당신을) 새로운 관점으로 보기 때문에 변화가 당연하다고 생각하게 된다. 그리고 자신을 새로운 관점에서 보기 시작하면 좀 더 빨리 성장할 수 있다. 당신이 최근에 배우고 경험한 무언가를 내게 가르쳐주면 나는 당신과 당신이 전하는 메시지에 좀 더 마음을 열 것이다. 또한 내가 배운 것 중에서 당신과 관련된 내용을 공유할 수도 있다. 그리하여 우리 두 사람 모두 변화하고 성장할 것이다.

물론 가르쳐야 할 때와 아닐 때를 분간해야 한다. 가르쳐도 될 때는 다음과 같다. 첫째, 사람들이 위협을 느끼지 않을 때다. 사람들이 위협을 느끼고 있을 때 가르치려 들면 적의만 키울 뿐이다. 그러니 사람들이 더 안심하고 수용적인 상황이 될 때까지 기다린다. 둘째, 당신이 화나거나 낙담하지 않았을 때, 그리고 당신이 애정과 존중, 내면의 안정을 느낄 때. 마지막으로 사람들에게 도움과 지원이 필요할 때다. 누군가가 기분이 가라앉아 있거나 피곤하거나 심한 압력을 받고 있을 때 성공 공식들을 들이미는 건 물에 빠진 사람에게 수영을 가르치려 하는 것과 같다.

명심하라. 우리는 항상 무언가를 가르치는 중이다. 자신과 자신이 하는 일을 계속해서 남들에게 내비치고 있기 때문이다.

가르치면서 배우면 새로운 수준의 성과가 촉발된다

나는 이렇게 가르치고 배우는 과정을 거쳐 사람들이 서로에게 가지고 있던 기존의 이미지가 사라진다고 믿게 되었다. 이 이미지들이 지워지면 사람들은 새로운 수준의 성과를 낼 수 있다.

주어진 역할을 수행하기 위해 서로 돕는 사람들이 계속 늘어날 때 긍정적인 문화가 발달한다. 학습 조직이란 다름 아닌 각자의 임무, 역할, 목표를 수행하도록 서로 돕는 사람들의 집단이다.

어떤 사람들은 자신은 배운 것을 가르치지 않아도 된다고 느낀다. 사람들이 그 내용을 이미 다 알고 있으리라 생각하거나, 다른 사람을 가르친다는 것이 낯설고 두렵게 느껴지기 때문이다. 어떤 사람들은 심지어 공포를 느끼기도 한다. 예를 들어 예전에 익혔던 기술만 보유하고 있는 경영자는 가르치는 것이 자신에게는 없는 새로운 기술이라고 생각한다. 이들은 다른 사람에게 미숙해 보이는 게 싫어서 가르치길 꺼린다.

그러나 남을 가르치는 것은 타인에 대한 영향력을 확장할 수 있는 가장 좋은 방법 중 하나다. 가르치는 것은 주도적인 행위다. 나는 인간의 기본적 본성은 주도적으로 행동하는 것이지 남에게 끌려가는 게 아니라고 믿는다. 주도적으로 행동하면 상황에 어떻게 반응할지 자신이 선택할 수 있을 뿐 아니라 상황을 변화시키고 심지어 만들어나갈 힘이 생긴다. 우리가 기꺼이 다른 사람한테서 영향을 받으려 하면(잘 배우는 사람) 그들에게 더 많은 영향을 미칠 수 있고(교사로서), 다른 사람(제자나 프로그램 참여자)에게 의미

> 명심하라. 우리는 항상 무언가를 가르치는 중이다. 자신과 자신이 하는 일을 계속해서 남들에게 내비치고 있기 때문이다.

있게 개입하면 그들에게 더 많은 영향력을 행사할 수 있다.

훈련과 개발에 투자한 많은 돈이 성과 없이 허비되는 이유는 참여자가 실질적인 소득을 거의 얻어가지 못해서다. 자신이 배운 것을 더 많은 사람에게 가르치는 사람이 드물기 때문에 배운 내용은 대부분 하룻밤 사이에 증발해버리고 만다. 어떤 사람들은 훈련을 받아도 지식과 기술이 늘어날 거라고 기대하지 않는데, 여기에는 배운 내용을 공유하지 않아도 된다는 사실을 잘 알고 있는 것도 한몫한다.

하지만 나는 약속할 수 있다. 배운 것을 가르친다는 이 간단한 개념을 실천하면 당신에게 큰 이익이 되어 돌아올 것이다.

적용 방법과 제안

◆

- 집과 직장에서 무언가를 가르칠 기회가 있다면 언제인가? 이 책에 나오는 원칙 한 가지를 다음 주에 누군가에게 가르칠 계획을 세우고 실천해보라. 어떻게 되었는가? 그 원칙에 대한 당신의 이해가 어떻게 바뀌었는가?

- 배운 것을 가르칠 기회를 어떻게 늘릴 수 있을까? 이 책에 나오는 원칙들을 다른 사람에게 꾸준히 가르치면 어떤 결과가 나타날까? 그리고 이 원칙들을 지키며 살기 위한 당신의 노력에 어떤 영향을 미칠까?

자신이 지혜롭다고 지나치게 확신하는 것은 현명하지 않다.
가장 강한 사람도 약해질 수 있고
가장 현명한 사람도 실수를 저지를 수 있음을
상기하는 것이 건전하다.

– 간디

18 마지막 조언: 지혜로워져라

오늘날 우리는 정보와 기밀, 지식이 폭발적으로 증가하고 있다는 이야기를 자주 듣는다. 하지만 지혜에 대해서는 그리 많이 듣지 못한다. 2차적 강점의 목표가 자기 홍보라면 1차적 강점의 목표는 지혜다.

우리가 항상 현명하게 행동하지는 않는다. 주위를 둘러보면 자신에게 해로운 일을 하는 사람이 너무나 많다. 그들이 판단 착오를 하거나 지혜롭지 않게 행동하는 이유가 무엇일까? 그리고 어떻게 이를 바로잡을 수 있을까? 6가지 원인과 해결책을 소개하겠다.

첫 번째 원인: 자기 자신을 기준으로 삼는 오만

해결책: 겸손하게 정북향 원칙들을 따른다

인류의 역사를 연구해보면, 아는 게 많고 교육을 많이 받은 (지적인) 사람들은 자신이 똑똑하다고 생각하고 종종 더 현명하고 경험 많은 사람의 조언을 거부하곤 한다. 왜 그럴까? 내 생각에는 이들이 기본적으로 자신의 내면에 있는 정북향에 대한 인식을 외면해서 불가피하게 불균형과 왜곡, 혼란, 방향 상실이 일어났기 때문으로 보인다. 게다가 돌이킬 수 없을 지경에 이를 때까지 자신의 이런 모습을 깨닫지도 못한다. 특히 자기 자신이 가장 중요한 기준일 경우 이런 사태가 더욱 심각해진다.

독단적인 판단이 아니라 항상 원칙을 따르면 그 고귀한 기준이 겸손과 행복감, 학습 능력, 내면과 외부로부터 객관적인 데이터를 얻으려는 의지를 불어넣는 데 도움이 된다.

내가 수년 동안 7가지 습관을 가르치면서 배운 한 가지는 이를 습득하려면 대충 책을 읽는 것만으론 안 된다는 것이다. 사람들은 대부분 몇 년에 걸쳐 꾸준히 노력해야 7가지 습관이 제2의 천성이 되게 할 수 있다. 사람들에게 현기증이 일어나면 혼란스럽고 방향감각을 상실하며 신체적 감각을 잃어버린다. 위치와 움직임, 긴장에 대한 기본적인 운동감각에 혼란이 일어나고 방향을 잃는다. 이런 상태일 때는 세상의 어떤 정보와 데이터도 도움이 되지 않을 것이다. 당신이 그 정보들을 잘못 해석하고 있기 때문이다. 그리하여 당신은 점점 더 과부하에 시달린다. 당신이 지향하는 바가 이기적이거나 자기중심적이거나 자기 참조적이라면 현기증 상태에 처할 것이다. 그럴 때 객관적 현실로 데려다줄 탄탄한 기준이 없다면 풀썩 쓰러지고 만다. 원칙을 바탕으로 한 삶은 이런 기준을 제시해준다.

두 번째 원인: 정보에만 의존하는 바보짓

해결책: 정보를 지혜와 의미 있는 행동으로 바꾼다

산업화 시대에서 정보화 시대로 바뀌는 것을 목격한 나는 정보화 시대는 네 부분으로 이루어진다고 생각한다. 첫 번째는 '미가공 데이터'나 '정보' 부분이다. 오늘날 정보를 취득하는 비용은 컴퓨터 기술이 처음 도입되었던 1946년에 비하면 엄청나게 낮다고 할 수 있다. 지금은 모든 사람이 본질적으로 똑같은 방대한 정보를 이용할 수 있고 정보가 일용품이 되었다.

두 번째는 이 모든 정보를 개념 도식과 패러다임을 중심으로 조직화한 '지식' 부분이다. 세 번째는 방대한 정보를 일관성 있게 혹은 전체를 고려하여 정리한 '시스템적 사고' 부분이다. 그리고 네 번째는 목적의식과 원칙에 따라 지식을 습득하는 '지혜' 부분이다.

어떤 조직에서건 모든 결정과 행동에는 지혜가 필요하다. 오늘날 사람들이 명확한 비전과 사명, 분명한 역할과 목표를 보유한 리더와 회사 밑에서 일하여 자신의 노력이 의미와 방향성, 가치를 지니길 원하는 건 이 때문이다.

세 번째 원인: 부도덕 때문에 발생하는 혼란

해결책: 도덕성을 부활시켜 삶의 목적에 대한 명확성을 얻는다

나는 세계를 여행하면서 비윤리성이 다시 활개 치고 있다는 걸 알게 되었다. 지금은 많은 사람이 윤리적 태도를 잃어가는 시대다. 이들은 일종의 윤리적 현기증을 겪는다. 정북향을 향한다고 생각하지만 실제로는 남쪽으로 가는 개인과 조직들이 보인다.

하지만 나는 또한 윤리적 부활이 일어나고 있다고도 믿는다. 즉 사람들이 **나는 무엇을 위해 살아가고 일하는가, 정말로 중요한 것이 무엇인가, 내 진정한 가치는 무엇인가**를 깊게 고민함에 따라 원칙으로의 복귀가 일어난다. 위의 질문들을 던지고 답하다 보면 대개 세상을 지배하는 자연법칙과 원칙에 더 단단히 뿌리내리게 된다.

네 번째 원인: 사람들이 자신의 성과에 내리는 평가와 관리자가 내리는 평가 간의 차이

해결책: 자기 가치에 대한 시장의 객관적 평가

어떤 사람이나 제품의 가치에 대한 주관적이고 감정적인 평가가 시장의 객관적인 평가와 다른 경우가 흔하다. 나는 관리자가 처하는 가장 곤란한 상황 중 하나가 사람들이 자신의 가치와 조직에 대한 기여 수준을 관리자와는 딴판으로 인식할 때라고 생각한다. 모든 사람은 보통 스스로를 정당화하고 종종 그 정당화에 도덕적 의미를 부여하곤 한다. 그래서 나는 궁극적으로 이 차이를 해결하는 가장 좋은 방법은 시장 민주주의에 의거해 이들에게 시장의 현실을 알려주는 것이라고 본다. 관리자는 이렇게 말할 수 있다. "당신은 자신의 가치를 이렇게 생각하지만 시장은 이렇게 판단합니다." 내가 말하는 건 재정적인 순가치가 아니라 당신의 전체적인 기여도다. 또한 시장이란 당신이 일을 하며 상대하는 모든 사람을 가리킨다. 이 사람들이 당신의 시장을 구성한다.

시장의 객관적인 피드백을 받으면 누구나 겸손해진다. 우리는 이 사실을 직접 경험했다. 우리가 실시하는 7가지 습관 개인 평가 조사에 지금껏 25만 명이 넘는 사람이 참여했는데, 이 조사를 받다 보면 사람들이 항상 겸허해졌다. 그러나 그들 스스로 매긴 점수가 대개 시장이 준 점수보다 낮기 때문에 사람들은 매우 긍정적인 경험을 하기도 한다. 따라서 이 평가에서는 자신이 미처 생각지 못했던 부분뿐 아니라 좋은 반응도 알 수 있다.

다섯 번째 원인: 폐쇄적인 조직 체계 때문에 나타나는 무지와 무관심

해결책: 신뢰를 지키는 범위 내에서 가능한 한 개방적인 시스템을 만든다

더 많은 정보 공유와 개방적 시스템에 대한 요구가 높아지면서 종종 모든 사람이 모든 데이터에 접근해야 한다는 가정이 나온다. 그러나 나는 개방성과 접근성은 신뢰 수준에 따라 정해져야 한다고 생각한다. 신뢰가 높을수록 더 개방할 수 있다. 신뢰 수준은 낮은데 너무 급하게 지나친 개방을 하면 사람들이 혼란에 빠질 수 있다. 그래서 당신의 목적을 왜곡된 시선으로 바라보면서 동기가 잘못되었다고 비난할지도 모른다.

여섯 번째 원인: 지엽적 기준으로 품질과 경쟁력을 평가하여 생기는 근시안

해결책: 세계적인 경쟁 기준을 적용한다

사업은 궁극적으로 현실이다. 오늘날에는 업계에 뛰어들기 위해서만도 다음 4가지의 실질적인 기준을 충족시켜야 한다. 먼저 품질 그리고 저비용이다. 하지만 낮은 비용으로 품질 좋은 제품을 만드는 생산자는 매우 흔하다. 또 다른 두 기준은 속도와 혁신이다. 이 4가지 기준을 충족시키려면 사람들이 자발적이고 창의적으로 서로 협력하여 시너지 효과를 내야 한다. 물론 협력하려면 서로 믿어야 하고 믿으려면 신뢰할 만한 사람이 되어야 한다.

지혜를 얻으려면 성과에 대한 객관적인 피드백이 있어야 한다. 7가지 습관의 원칙들은 너무나 옳은 이야기이기 때문에 사람들이 거의 거부감을 느끼지 않는다. 하지만 중요한 건 이 개념들이 개인과 조직에 실질적인 영향을 미치는가이다. 개인이나 조직이 성공적으로 일하고 있다는 것을 어떻게 아는가? 이들은 어떤 피드백을 받고 있는가?

자신의 강점은 살리고 약점은 고치는 성장 경로를 확립하라. 그러려면 신뢰성 있는 피드백이 필요하다. 그렇다고 그 피드백에 지배당해서는 안 된다. 성장 경로를 따라 조금씩 앞으로 나아가기 시작하면 시간이 흐르면서 점차 자신의 맹점을 더욱 잘 파악하고 고칠 수 있다.

지혜의 4가지 원리

다음은 고려해볼 만한 가치가 있는 지혜의 4가지 기본 원리다.

지혜란 '지속적이고 긍정적인 변화는 내면에서 시작된다'는 것을 아는 것이다

팀이나 가족의 변화는 개인에서 시작된다. 개인의 자기계발과 변화 없이 조직의 발전과 변화를 기대하는 것은 몽상에 불과하며 어리석기까지 하다. 시장은 더 많은 투명성과 정직성, 신뢰성, 요컨대 1차적 강점인 자연법칙들을 요구하기 때문이다.

조직이 발전하고 변화하려면 개인의 성장과 변화, 발전이 필수다. 그런데 내가 보기에는 이 기본적인 사실이 대체로 무시되고 있다. 변화가 외부에서 온다고 생각하는 사람이 너무 많다. 하지만 근본적으로 생산적인 변화에는 내부에서 시작하여 외부로 향하는 접근 방식이 필요하다.

지혜에는 성품과 역량이 모두 필요하다

학습이나 능력과 역량을 높이는 문제를 이야기할 때 우리는 대개 기술이나 개념적 사고 역량의 관점에서 생각하고 사회적 역량이나 성품이라는 측면에서는 거의 생각하지 않는다. 하지만 궁극적으로 한 사람이 의미 있고 지속적인 변화나 상당한 개선을 이루려면 상호의존적 공영성, 공감 능력, 시너지 효과라는 특성뿐 아니라 성실성과 성숙성, 풍요의 심리도 길러야 한다. 왜 그럴까? 한 사람의 성품은 계속해서 겉으로 나타나고 전해지기 때문이다. 그리고 사람들은 이런 비언어적 의사소통*으로 읽어낸 것을 바탕으로 우리를 신뢰하거나 불신할 것이다.

개인적인 수준과 조직적인 수준에서 우리의 신뢰도는 성품과 역량 그리고 우리의 판단과 결정, 행동에서 드러나는 지혜와 직접적으로 연결된다.

성품은 자신과의 약속을 지키는 성실성, 용기와 배려의 균형을 맞추는 성숙성, 모든 사람에게 돌아갈 자원이 충분이 있다는 풍요의 심리로 이루어진다. 이 3가지 성품 특성은 기술적·개념적·사회적 역량 못지않게 변화를 불러오는 데 꼭 필요하다.

다행히 우리는 누구나 개선과 발전을 이룰 수 있다. 성품과 역량이 점차 더 큰 상호작용을 할 수 있다. 따라서 우리는 사람들을 일방적으로 판단하여 딱지를 붙이거나 그들이 절대 변할 수 없다고 가정해서는 안 된다. 우리는 기술적·개념적 사고능력을 넘어서는 역량을 발달시킬 수 있고 사람, 절차, 기술, 시장의 새로운

---

* 표정, 몸짓, 자세, 한숨 등 말이 아닌 수단에 따른 의사소통.

규칙들과 현실에 대해 상호의존적이고 체계적으로 생각하는 능력을 키울 수 있다.

나는 위대한 작가이자 교사인 메리 앤 윌리엄슨Marianne Williamson이 한 말을 좋아한다.

> 변화가 외부에서 온다고 생각하는 사람이 너무 많다. 하지만 근본적으로 생산적인 변화에는 외부에서 시작되어 내부로 향하는 것이 아니라, 내부에서 시작하여 외부로 향하는 접근 방식이 필요하다.

"우리의 가장 깊은 두려움은 자신이 부족하다는 것이 아니다. 우리가 두려워하는 이유는 자신에게 가늠하지 못하는 힘이 있어서다. 우리를 가장 두렵게 하는 것은 우리의 빛이 아니라 어둠이다. 우리는 자신에게 묻는다. '이렇게 빛나고 매력과 재능이 넘치고 멋있는 나는 누구인가? 그렇지 않은 당신은 누구인가?' 소심하게 행동하는 것은 세상에 도움이 되지 않는다. 주변 사람들이 불안을 느끼지 않도록 자신을 위축하는 것은 현명하지 않다. 우리가 빛을 내면 우리는 무의식적으로 다른 사람도 빛날 수 있게 한다. 우리가 두려움에서 벗어나면 우리의 존재 자체가 저절로 다른 사람도 자유롭게 한다."[12]

생각해보면, 비교에 대한 두려움이 우리의 엄청난 자질과 잠재력을 우리 안에 가두어둔다.

성품과 역량이 합치할 때 지혜가 나타난다

현명하다고 알려진 사람들은 올바르고 확고한 판단을 내린다.

이들의 지식은 불변의 원칙들로 충만하다. 지혜나 지혜로운 판단, 즉 성품과 역량의 융합은 삶의 질을 높이려는 노력에서 대단히 중요한 요소다.

그 이유가 뭘까? 사업적 사고에는 많은 동향과 유행이 존재한다. 총체적 품질이 유행하더니 리엔지니어링이 주목받는다. 그러다 또 파괴적 혁신이라는 개념이 인기를 끈다. 다음에는 뭐가 득세할지 누가 알겠는가? 이 모든 동향에는 가치가 있지만 지혜는 그 모두를 뛰어넘는다.

나는 이 모두를 뛰어넘는 건 기저에 있는 것, 근본적인 것이라고 생각한다. 문제에 대해 순전히 기술적이거나 개념적인 해결책도 필요할 수 있지만, 그것만으로 항상 충분하지는 않을 것이다. 자주 빠지는 부분이 성품과 관련된 측면이다. 성품이 갖추어지지 않으면 역량이 있어도 지혜를 얻을 수 없다. 그리고 지혜가 없으면 결혼이건, 가족이나 팀이건, 회사건 만들고 유지할 수 없다. 무언가를 만든다 해도 오래가지 않을 것이다. 신생 기업 중 약 80퍼센트가 설립 첫해에 문을 닫는다.

오늘날의 잘못된 이분법과 진정한 딜레마에 현명하게 대처하려면 틀에 박히지 않은 지혜가 점점 더 많이 요구된다. 시장의 예상 밖 변화, 분분한 의견, 힘든 협상, 허약한 관계에 대응하기 위해선 성품이 바탕이 되고 역량으로 뒷받침되는 진짜 지혜 없이는 안 된다.

나는 오늘날처럼 지혜가 절실하게 필요한 시대를 본 적이 없다. 역설적이게도 광범위한 정보화가 이루어지고 지식이 폭발적으로 증가한 시대에 더욱 지혜가 요구된다. 진실은 밝혀졌다. 지혜 없이는 기술이 발전할수록 상황이 더욱 악화된다. 하지만 지혜는 가장 유용한 지렛대다. 현명한 사람은 수동적으로 지식을 습득하는 데 그치지 않고 이를 이용해 세상에 기여할 것이다.

지혜는 지식과 정보 너머에 있다

지금 우리는 정보를 더욱 쉽게 이용할 수 있고 정보의 가격이 점점 낮아지는 정보화 시대와 지식경제 체제에서 살고 있다. 따라서 경쟁사나 고객, 제품, 절차에 대한 지식뿐 아니라 그 지식을 넘어서는 지혜도 중요하다. 위대한 철학자 앨프리드 노스 화이트헤드Alfred North Whitehead는 "어떤 의미에서는 지혜가 자라면 지식이 줄어든다. 세부 사항은 원칙 속에 다 들어가기 때문이다. 중요한 세부 지식은 삶의 각 분야에서 그때그때 얻을 수 있지만, 궁극적인 지혜를 소유하려면 원칙을 제대로 이해하고 적극적으로 활용하는 습관이 필요하다"라고 했다.

결국 올바른 원칙에 따라 판단을 내릴 때만 인격이 성장할 수 있다. 이는 지적인 노력만 말하는 것이 아니다. 본질적으로 정신과 의지, 영혼이 지속적인 원칙을 지향하도록 노력해야 한다는 뜻이다. 그래야 성실성이 생긴다.

기술과 개념적 사고능력이 뛰어나서 큰 그림을 이해하고 모든 부분이 서로 어떻게 연관되는지는 잘 알지만, 특정한 성품이 부족해서 타인과 함께 생산적으로 일하지 못하는 사람도 있다. 성품과 역량을 모두 갖추고 이를 이용해 현명한 판단을 내릴 때만 관계를 구축하고 신뢰성 높은 문화를 만들 수 있으며, 시장에서 일어나는 온갖 변화에 흔들리지 않고 제도를 유지할 것이다.

마지막 조언

사람들은 내게 1차적 강점 혹은 그 자질들에 왜 그렇게 많은 관심을 기울여야 하는지 묻는다. 어떤 사람들은 이미 훌륭한 삶을 살고 있으니 자신은 변화할 이유가 없다고 느낀다. 그리고 나는 그 점에 대해서는 왈가왈부하지 않는다.

하지만 우리 안에는 지금보다 더 훌륭하고 나은 사람이 되라고 끊임없이 요구하는 무언가가 있다. 그 목소리에 귀 기울이지 않으면 매 순간 2차적 강점에 빠져들 위험이 있다. 그러면 우리는 사회적 렌즈로 시야가 제한된 채 세상을 바라보거나 더 나쁘게는 우리에게 제약을 가하는 요인들에 집착하고 적을 중심으로 생각하는 편집증의 희생자가 되고 만다.

반면 1차적 강점으로 채워진 삶의 목표는 원칙, 지속적 성장, 통합된 전체를 아우르는 시선인 지혜를 갖추는 것이다. 이 시선은 사람의 내면에는 평온을, 세상에는 번영을 가져다준다. 또한 우리가 지키면서 사는 원칙들이 확고하고 지속적이며 변하지 않을 것이므로 이 시선은 마음의 안정을 불러온다.

적용 방법과 제안

◆

- 당신이 지향하는 바가 이기적이거나 자기중심적이거나 자기 참조적이라면 현기증 상태에 처할 것이다. 당신이 이런 상태라면 자기 자신을 어떻게 극복하는가?

- 다음 질문들에 대한 답을 일기에 적어본다. 이 책에서 제시한 질문들을 스스로에게 던지고 답을 해보면서 자연법칙과 1차적 강점의 원칙들에 더욱 깊이 뿌리내리며 살게 되었는가? **"나는 무엇을 위해 살아가고 일하는가? 정말로 중요한 것이 무엇인가? 내 진정한 가치는 무엇인가? 나는 1차적 강점을 향한 여정을 잘 나아가고 있는가?"**라는 궁극적인 질문들을 더 확실하게 이해하게 되었는가?

스티븐 코비의 마지막 인터뷰

《성공하는 사람들의 7가지 습관》을 출판한 지 25년 만에 스티븐 코비 박사의 '영향력의 원'은 전 세계로 확대되었습니다. 박사는 여러 왕과 대통령에게 조언하고, 다양한 경로로 수백만 명의 사람에게 효과적인 삶의 원칙들을 가르쳐주었습니다. 2012년 그가 사망할 무렵, 그는 세계에서 가장 영향력 있는 사람 가운데 하나로 꼽혔고, 《성공하는 사람들의 7가지 습관》은 지난 100년 이래 가장 중요한 자기계발 서적으로 선정되었습니다.

그는 평생 동안 7가지 습관을 가르쳤습니다. 급변하는 시대에 우리는 코비 박사에게서 심오한 지혜를 구해보았으며, 그 가운데 일부를 여기에 소개하고자 합니다.

다음 내용은 코비 박사가 삶을 마치기 직전에, 인터뷰나 강연

중에 받았던 중요한 질문들에 대답한 내용을 정리한 것입니다. 우리는 그의 마지막 생각을 그가 했던 말로 최선을 다해 정리해 보았습니다. 이 인터뷰는 《성공하는 사람들의 7가지 습관》 25주년 기념판에도 실렸습니다.

7가지 습관이 처음 나온 이후 세상은 어떻게 달라졌는가?

변화 그 자체가 변했다. 상상할 수 없을 정도로 변화가 빨라졌다. 매시간 기술혁명이 일어난다. 우리는 경제적 불확실성과 씨름한다. 강대국들 사이의 관계는 단 하루 만에 극적으로 바뀌곤 한다. 많은 지역이 테러의 공포에 시달리고 있는데, 심리적으로도 그렇고 실제로도 그렇다.

또한 우리의 개인적 삶도 근본적으로 바뀌었다. 삶은 이제 빛의 속도로 변한다. 우리 삶은 일주일 내내 일과 연결되어 있다. 과거에 우리는 일할 때 적은 노력으로 많은 성과를 거두려 했다. 그러나 지금은 많은 사람이 혼자서 한꺼번에 모든 것을 하려고 노력한다.

하지만 한 가지 사실은 변하지 않았고, 앞으로도 변하지 않을 것이다. 우리가 의존할 수 있는 단 한 가지는 세상에는 영원불변하고 보편적인 원칙들이 있다는 것이다. 그 원칙들은 변하지 않는다. 어느 시대, 어느 곳에서든 적용된다. 우리 삶은 공정함, 정직, 존중, 비전, 책임, 주도성 같은 원칙들이 지배한다. 중력과 같은 자연법칙이 물체의 낙하를 지배하는 것과 같다. 건물 끝에서 떨어지면 중력이라는 원칙이 틀림없이 작용한다.

그것이 내가 낙관적 태도를 갖는 이유다. 나는 불변의 원칙을 믿기에 낙관적이다. 그 원칙을 지키며 살면 틀림없이 좋은 결과가 있을 것이기 때문이다. 건물 위에서 떨어뜨리면 떨어지는 물체와 달리 우리는 뛰어내릴지, 말지 선택할 수 있다. 우리는 비인격적 힘들에 떠밀리는 지각 없는 존재가 아니다. 우리는 인간으로서 태어날 때부터 양심, 상상력, 자기 인식, 독립 의지와 같은 능력을 부여받았다. 동물들은 부여받지 못한 놀라운 능력이다.

우리는 옳고 그름을 구분할 수 있고, 자신을 객관적으로 보고 스스로의 행동을 평가할 수 있다. 상상력을 품고, 과거의 기억에 발목 잡히지 않고, 만들고 싶은 미래에 대한 비전을 품고 살 수 있다. 이 타고난 능력을 사용할수록 우리 선택의 자유도 커진다. 우리는 불변의 원칙들을 지켜 득을 볼지, 그러지 않아 해를 입을지 스스로 선택할 수 있다. 나는 그런 선택을 할 능력을 갖춰서 기쁘다.

변화 속에서 살기 위해서는 변하지 않는 원칙이 필요하다.

하지만 한 가지 문제가 있다. 너무나 많은 사람이 삶의 원칙을 외면한 채 지름길을 선택하려고 한다. 우리는 사랑을 원하면서 사랑받을 행동은 하지 않는다. 노력하지 않고 성공하기를 원한다. 날씬한 몸을 원하면서 달콤한 케이크를 탐낸다. 다시 말해서, 절대 가질 수 없는 것들을 원한다. 이처럼 우리는 좋은 성품을 갖추지 않으면서 좋은 성품으로 얻을 성과나 보상은 원한다.

내가《성공하는 사람들의 7가지 습관》을 쓴 이유는 바로 이 때문이다. 우리 문화는 원칙에서 벗어나 표류하고 있다. 그것이 어떤 결과를 낳을지는 자명하다. 원칙 무시는 삶의 난파를 가져올 뿐이다. 나는 궁극적으로 원칙을 지키는 삶을 살면 개인적으로 그리고 직업적으로 번영할 것이라고 확신한다.

7가지 습관은 지금도 유효한가?

나는 7가지 습관이 그 어느 때보다도 유효하다고 생각한다.

나는 어느 누구보다도 7가지 습관의 영향력에 놀라고, 겸허함을 느끼고, 즐거워하고 있다. 이 책이 수많은 나라에서 그토록 많은 사람에게 영향을 준 데 여전히 감동하면서, 많은 동료와 친구가 용기 있게 나서서 7가지 습관을 실천하고 가르치는 것에 대단히 감사한다.

물론 나 역시 7가지 습관을 매일 실천하려고 노력하는 사람들 가운데 하나다. 쉬운 일은 아니지만 도전해볼 만하다. 나는 매일 아침 일어나서 평생의 사명과 중요한 목표를 생각하고, 가장 의미 있는 것들을 향해 한발 한발 다가서는 데 스스로 고무되고 있다. 내게는 '습관 5: 먼저 이해하고 다음에 이해시켜라'를 실천하기가 가장 어려웠다. 나는 다른 사람의 말을 인내심을 갖고 잘 경청하려고 노력했으며, 어느 정도 진전을 이루었다고 생각한다.

7가지 습관을 실천하는 것은 평생에 걸친 신나는 도전이다. 그래서 사람들에게 이 책을 읽었다는 말을 들으면 걱정이 된다. 그들이 내게서 내가 쓴 원칙들과 일치하지 않는 모습을 발견할지 모른다. 또한 그 책을 읽고 하룻밤 사이에 성공하는 사람이 될 것이라고 생각하지 않을까 우려되기도 한다. 7가지 습관은 결코 단기간에 끝나지 않는다는 메시지를 사람들이 진지하게 받아들이면 좋겠다.

나는 전 세계의 많은 사람이 7가지 습관을 교육받고 수천 명이 자신의 조직에서 7가지 습관을 가르칠 자격을 얻었다는 것에 기쁨을 느낀다. 사람들은 140개국 이상에서 이루어지는 전통적인 교실 강의뿐 아니라 온라인으로도 강의를 듣고 있다. 수만 명의 학생이 7가지 습관을 배우고 있다는 것은 더욱 기쁜 일이다. 기업, 정부기관, 대학, 학교에서 7가지 습관을 조직 철학으로 채택하여 큰 성공을 거두고 있다.

7가지 습관은 왜 계속해서 사람들의 삶에 영향을 미치는가? 나는 7가지 습관이 자기 자신에게서 위대함을 찾고 거기에 맞게 살도록 도와주기 때문이라고 생각한다. 사람들, 특히 젊은이들은 직관적으로 7가지 습관에 내재한 원칙의 힘을 느낀다. 그들은 지름길이 아닌 올바른 길을 원한다. 세상의 위선 속에서 자기 자신을 잃어버린 사람들은 자신의 운명에 대한 결정권을 다시 찾아오고 싶어 한다.

7가지 습관은 사람들에게 그들의 삶을 돌려주고 선택할 권리를 되찾아준다. 사람들은 내면 깊숙이 품고 있는 목적을 발견한다. 자신의 미래를 창조하고 조정할 수 있는 도구를 얻는다.

요즘 신분 도용에 관한 이야기가 많이 들린다. 그러나 누군가 당신의 지갑이나 신용카드를 훔쳐 사용할 때보다 우리가 누구인지 잊었을 때, 타인과의 비교에 따라 우리의 가치와 정체성이 결정될 때 더 큰 도용이 발생한다. 우리 각자가 어떤 비교도 불가능한 무한한 가치와 잠재력을 지니고 있음을 인식하지 못할 때, 진정한 성공을 얻기 위해 희생을 치르려 하지 않고 지름길을 선택할 때 이런 일이 일어난다.

우리는 가정에서, 친구들 사이에서, 직장에서 가식적인 자기 이미지를 유지하려고 부단히 노력한다. 그러나 사람은 사회가 비추어주는 거울을 들여다볼 때 자신의 영혼을 잃어버린다. 진정한 자아보다는 외부에 비치는 이미지에 더 관심을 두게 된다. 사회적 거울의 산물이 되고, 정체성과 가치의 중심이 외부로 옮겨진다.

7가지 습관은 사람들을 자기 자신으로 되돌려준다. 사람들에게 자신의 본성을 상기하게 한다. 스스로 삶의 주인임을 일깨워준다. 자신의 선택에 대한 책임은 타인이 아닌 자신에게 있다. 그 누구도 내가 스스로 선택하지 않은 것을 생각하고 행동하고 느끼게 할 수는 없다. 7가지 습관은 자신의 미래에 대한 프로그램을 짜는 것은 자신이라는 사실을 상기시킨다. 또한 삶은 함께하는 것이고, 타인과 협동하며 살아가는 상호의존적 삶이 독립적 삶보다 더 효과적인 상태의 삶임을 가르쳐준다.

변화는 어렵다. 나는 어떻게 변할 수 있는가?

삶에 변화를 일으키기 위해 2가지를 실천할 것을 권한다. 첫 번째는 자신의 양심을 따르는 것이다. 누누이 말하지만 자극(우리에게 일어나는 일)과 반응(거기에 대한 우리 행동) 사이에는 간격, 즉 공간이 있다. 따라서 우리는 자신의 반응을 선택할 수 있고, 궁극적으로 그 공간을 어떻게 활용하느냐에 따라 우리의 성장과 행복이 결정된다. 이 공간 속에 인간이 타고난 4가지 천부의 능력인 양심, 상상력, 자기 인식, 독립 의지가 있다. 양심은 삶을 지배하는 능력이다. 삶이 평화롭지 못한 것은 양심에 어긋나는 삶을 살기 때문이며, 우리가 그것을 마음속으로 알고 있기 때문이다.

우리는 스스로에게 질문을 던지고 그 답을 들음으로써 양심을 들여다볼 수 있다. 자신에게 이런 질문을 해보라. "내가 개인적 삶에서 긍정적 성과를 얻기 위해 시작해야 하는 가장 중요한 일 한 가지는 무엇인가?" 깊이 생각해보라. 무엇이 떠오르는가? 이제 이런 질문을 해보라. "내가 직업적으로 삶에서 긍정적 성과를 얻기 위해 시작해야 하는 가장 중요한 일은 무엇인가?" 다시 한 번 마음속에서 그 답을 찾아라. 당신이 나와 같다면, 양심의 소리에 귀를 기울임으로써 가장 소중한 것들이 무엇인지 알게 될 것이다. 그것은 지혜의 소리이자 자기 인식이며 상식이다.

또 하나의 중요한 질문은 삶이 지금 나에게 무엇을 요구하고 있느냐이다. 깊이 생각해보라. 아마 지금 삶의 초점이 보이지 않고 훨씬 더 신중하게 시간을 보내야 한다는 것을 알게 될지도 모른다. 혹은 항상 피곤해서 더 잘 먹고 운동을 해야 한다고 결심하게 될지도 모른다. 아니면 회복해야 할 중요한 인간관계가 있다는 것을 알게 될지도 모른다. 그것이 무엇이든 우리에게는 양심이 지지하는 변화를 이루어낼 힘과 능력이 있다. 깊은 확신이 없으면 상황이 어려워질 때 목표를 달성할 힘을 갖지 못할 것이다. 그 확신은 양심을 통해 나온다.

우리는 누구나 3가지 삶을 살아간다. 바로 공적인 삶, 개인적인 삶, 내적인 삶이다. 공적인 삶은 다른 사람들이 주시하고 있는 모습이다. 개인적인 삶은 혼자 있을 때의 모습이다. 내적인 삶은 자신의 진실한 동기와 욕망을 확인하고 싶을 때 찾아가는 곳이다. 이 내적인 삶에 충실할 것을 강력하게 권한다. 유익한 양심의 소리에 귀를 기울일 마음의 준비가 이루어지는 곳이 바로 내적인 삶이기 때문이다.

변화의 두 번째 열쇠는 자신의 역할을 바꾸는 것이다. 항상 말했듯이, 삶에 점진적인 변화를 가져오기를 원한다면 행동을 바꿔야 한다. 하지만 의미 있는 큰 변화를 원한다면 패러다임을 바꿔야 한다. 패러다임이란 세상을 보고 해석하는 방식이다. 그리고 패러다임을 바꾸는 가장 좋은 방법은 역할을 바꾸는 것이다. 직장에서 프로젝트 매니저로 승진할지도 모른다. 처음으로 어머니가 되거나 할머니가 될지도 모른다. 공동체를 책임지는 일을 맡을지도 모른다. 이처럼 갑자기 역할이 바뀌면 세상을 다른 방식으로 보게 되고, 그 변화된 패러다임에서 더 나은 행동이 자연스럽게 나오게 된다.

역할 변화는 직책 변화와 같은 외적 사건으로 나타날 때도 있지만, 때로는 시각을 바꾸거나 상황에 대한 인식을 바꿈으로써 역할을 바꿀 수도 있다. 예를 들어 당신이 직원들에게 모든 것을 자신이 확인해야 직성이 풀리는 통제광으로 인식되고 있다고 해보자. 당신은 사람들을 신뢰하고 그들이 자율적으로 일할 수 있게 해야 한다는 것을 알고 있다. 그러면 자기 자신에 대한 인식을 바꿔서 감독관이 아닌 조언자의 시각에서 자신의 역할을 다시 정립할 수도 있을 것이다. 이러한 역할 변화, 시각 전환을 통해 당신은 모든 것을 손에 쥐고 늘 확인하고자 하는 통제광에서 벗어나 직원들에게 조언자로서 도움을 줄 수 있다.

나는 종종 이런 질문을 받는다. "7가지 습관 가운데 어떤 습관이 가장 중요합니까?" 나는 이렇게 대답하고 싶다. 가장 중요한 습관은 실천하기가 가장 어려운 습관이라고 말이다. 타고난 천부의 능력인 자기 인식과 양심을 사용하면 어떤 습관에 집중해야 하는지 알 수 있다. 습관 하나를 선정해서 그 습관과 관련된 작은 약속을 하고 그것을 지키는 것도 변화를 얻을 수 있는 좋은 방법이다. 그러면 자기 관리 능력과 자신감이 조금씩 향상될 것이다.

7가지 습관이 개인적으로 도움이 되는 것은 알겠는데, 회사나 조직이 7가지 습관을 실천하지 않는다면 어떻게 하는가?

모든 것은 개인에서 시작된다. 모든 의미 있는 변화는 내면에서 시작하여 외부로 나가기 때문이다. 개인적인 변화의 과정을 시작하면 자신이 주위 환경도 변화시키고 있음을 알게 될 것이다. 당신의 영향력은 확대되고, 당신의 정직성은 다른 사람에게 좋은 인상을 남긴다. 이렇게 변하고자 하는 개인적 노력을 성공적으로 시작한 후에야 비로소 조직의 변화에 착수할 수 있다.

나는 하향식 지시와 통제라는 산업 시대의 사고방식을 바꾸고 7가지 습관을 문화로 정착시키는 데 역점을 두고 있다.

우리는 정신적으로 여전히 산업 시대를 벗어나지 못하고 있다. 산업 시대는 사람을 통제해야 하는 물건으로 취급한다. 사람들은 대체할 수 있는 물건이며, 이 사람과 저 사람이 똑같다고 생각한다. 하지만 우리는 모두 알고 있다. 사람은 저마다 독특한 재능이 있고 다른 누구도 하지 못하는 특별한 공헌을 할 수 있다. 재무제표에서 사람은 최고의 자산이 아닌 비용으로 취급된다. 독재자가 아무리 자비롭다고 해도 결국 독재자다. 이것이 오늘날 대부분 조직이 안고 있는 가장 큰 결점이다.

7가지 습관은 그 모든 것을 바꿀 수 있다. 7가지 습관 문화는 관련된 모든 사람에게 권한을 주는 것이다. 그런 문화에서는 한 사람 한 사람이 가치 있는 존재가 된다. 합창단에서 알토가 테너나 소프라노를 대신하려고 하지 않듯이, 전체 팀원의 생산적 강점을 극대화하고 약점을 무의미하게 만들기 위해 상호보완적 팀이 조직된다. 모두가 필요하다. 그들이 자신의 목소리를 찾고, 필요한 일 중에서 좋아하고 잘하는 일을 하도록 일깨워주는 것이 중요하다.

나는 7가지 습관이 전 세계의 팀과 조직들을 변화시키는 데 큰 도움을 주었다는 얘길 들을 때마다 정말 기쁘고 감사하다. 예를 들어 7가지 습관은 멕시코의 한 대형 광산회사의 사훈이 되었다. CEO에서 광부에 이르기까지 그 회사의 모두가 7가지 습관 교육을 받는다. 모두가 중요한 사람으로 인식되고 결과에 책임을 지면서 사고율은 급감하고 생산성이 치솟았다. 배우자들은 회사에 전화해서 이렇게 말했다. "저희 남편(아내)에게 무슨 일을 한 거죠? 사람이 완전히 달라졌어요!" 지금은 가족도 교육받고 있다.

위대한 회사를 만들려면 위대한 개인들 이상의 것이 필요하다. 위대한 회사가 되려는 회사는 7가지 습관을 조직 차원에서 실천해야 한다. 주도성을 발휘하고, 분명한 사명과 전략을 확립하고, 일관되게 최우선 목표를 실행하고, 이해 당사자 모두의 승-승을 생각하고, 시너지를 내서 미래를 위해 혁신해야 한다. 7가지 습관에 충실한 사고는 조직의 성공에 필수적이다. 7가지 습관 문화를 정착하는 것은 CEO만이 아니라 모두의 일이다. 그런 문화에서는 모두가 리더다.

나는 원칙 중심의 리더십을 조직문화로 정착시키는 데 열정을 쏟았다. 그러한 리더십은 CEO만을 위한 게 아니라 모두를 위한 것이다. 진정한 리더십은 형식적 권위가 아닌 도덕적 권위에 기반을 두고 있다. 간디는 공식 직위를 가진 적이 없다. 아웅 산 수 치 여사와 넬슨 만델라는 양심을 지킨 대가로 옥고를 치렀고 이를 통해 도덕적 권위를 얻었다.

나는 평생을 가르치면서 살았다. 높은 직위에 오른 적은 없지만, 나의 사명을 완수하는 일에 깊은 책임감을 느꼈다. 7가지 습관을 진지하게 받아들이는 사람은 누구든 리더가 될 것이다.

당신은 항상 사람들에게 그들이 남길 유산에 대해 생각해야 한다고 가르쳤다. 당신은 어떤 유산을 남기겠는가?

개인적으로 나는 가족의 행복과 그들이 살아가는 양질의 삶이 나의 가장 큰 유산이 되기를 희망한다. 내게 가장 큰 행복과 만족을 가져다준 것은 가족이었다. 내게는 가족이 가장 중요하다. 나는 어느 지혜로운 리더가 했던 말에 동의한다. "그 어떤 성공도 가정의 실패를 보상해주지는 못한다." 가정에서 하는 일은 당신이 할 수 있는 가장 위대한 일이다. 가족이 가장 중요하다. 우리는 지금보다 더 많은 시간과 관심을 가족에게 쏟아야 하며, 그들에게는 그럴 만한 가치가 있다. 사람들은 직장에서 세부적인 전략을 생각하는 데 수백 시간을 사용하지만 화목한 가정을 만들기 위해 계획을 세우는 데에는 단 한두 시간도 쓰지 않는다.

나는 가정에서 성공하려면 직장에서의 성공을 희생해야 한다는 거짓된 이분법을 믿지 않는다. 그것은 양자택일의 문제가 아니다. 잘 계획하면 두 마리 토끼를 모두 잡을 수 있다. 사실 한 곳에서의 성공은 다른 곳에서의 성공을 낳는다. 절대로 늦지 않았다. 과거에 가족을 소홀하게 대했다면 이제라도 변화를 시도해보라.

직업적인 측면에서 내가 무엇으로 유명해지기를 원하느냐는 질문을 받는다면, 아이들 교육이라고 말하고 싶다. 나는 모든 아이가 리더이고 그렇게 인식되어야 한다고 생각한다.

아이들을 그들의 행동으로 규정하지 마라. 그들을 리더로 보고 확신시켜 주어라. 리더십은 사람들이 자기 내면에 있는 가치와 잠재능력을 분명하게 볼 수 있도록 격려하고 확신을 주는 것이다.

우리는 아이들에게 그들의 내면에 있는 타고난 선함과 덕성을 발휘시킴으로써, 자기 안에 있는 탁월한 능력과 잠재력을 인식하도록 도와줌으로써 차세대의 리더로 키울 수 있다.

지금 전 세계 수천 개의 학교에서 아이들에게 7가지 습관을 가르치고, 자기 자신이 누구인지와 무엇을 할 수 있는지 가르치는 것을 보니 매우 기쁘다. 우리는 그들에게 정직성, 창의성, 자기 규율, 승-승적 사고를 가르친다. 자기와 다른 사람을 불신하지 않고 환영하라고 가르친다. 성장과 개선과 학습이 멈추지 않도록 쇄신하는 방법을 가르친다.

이 교육은 전 세계 수천 개의 학교에서 '리더 인 미' 프로그램을 통해 실시되고 있다. 학교에서 그들은 소수의 인기 있는 아이들이 아니라 모두가 리더임을 배운다. 정직한 성취에서 얻어지는 일차적 성공과 세상 사람들에게 인정받는 이차적 성공의 차이점을 배우고, 일차적 성공의 중요성을 알게 된다. 그들은 자신이 놀라운 선택의 능력을 갖추고 있으며, 이제는 좌절한 피해자나 기계와 같은 조직의 부품이 되지 않아도 된다는 것을 배운다.

아이들이 피해의식, 의존성, 의심, 방어적 태도를 버리고 이러한 원칙을 배우며 자랄 때 새로운 미래가 펼쳐질 것이다. 그들은 타인과의 관계에서 자신의 의무를 다하는 책임 있는 시민으로 성장할 것이다. 그런 미래가 가능하다. 나는 그런 일을 한 사람으로 기억되기를 원한다.

당신이 가고 나면 당신이 하던 일은 어떻게 되는가?

나는 천생 선생이다. 나는 정규 교육과정을 마치고 나서 교수가 되었고, 그 직업을 아주 좋아했다. 그러나 나의 사명을 찾기 시작했을 때,《성공하는 사람들의 7가지 습관》과 다른 저서에 담겨 있는 원칙 중심의 리더십이 내가 교수로 있는 것보다 훨씬 더 중요하다는 걸 분명하게 깨달았다. 이 메시지를 구체화하기 위해 조직을 설립하지 않으면, 내가 가고 난 뒤 그 중요성과 유효성이 사라질 것이라고 생각했다.

그런 생각을 마음속에 품고 나는 오직 원칙 중심의 리더십을 전 세계에 전파하는 것만을 목표로 삼는 조직을 만들기로 했다. 처음에 코비리더십센터로 시작했고 나중에 프랭클린퀘스트와 합병되어 프랭클린코비사가 되었다. 우리 회사의 사명은 개인, 조직, 사회가 원칙 중심의 리더십을 통해 위대함을 발휘하게 하는 것이다. 우리는 현재 전 세계 140여 개 국가에서 활동하고 있다. 나는 우리 조직의 사명, 비전, 가치, 성과에 자부심을 느낀다.

조직은 정확하게 내가 소망했던 일을 하고 있다. 무엇보다도 나에게 의존하고 있지 않다. 프랭클린코비사는 내가 사라진 후에도 이 일을 계속해나갈 것이다.

당신의 가장 중요한 마지막 메시지가 "크레센도로 삶을 사는 것"이라고 말했다. 그것은 무슨 뜻인가?

인생에서 이루어야 할 가장 중요한 일을 아직 이루지 못했다는 걸 의미한다. 이미 이루었다면 그것은 가장 중요한 일이 아니다. 항상 가장 중요한 일의 경계를 확장하고, 그것을 이루려고 더욱 노력해야 한다. 은퇴는 거짓된 개념이다. 일에서 물러날 순 있어도 의미 있는 프로젝트와 공헌에서 물러나는 일은 있을 수 없다.

'크레센도crescendo'는 음악용어다. 더 강하고 더 크고 힘차게 연주하는 것을 의미한다. 반대말은 '점점 약하게'란 뜻의 '디미누엔도diminuendo'이다. 뒤로 물러나고, 안정적으로 연주하고, 수동적이 되고, 삶의 무대에서 퇴장하는 것이다.

삶은 크레센도로 살아야 한다. 그러한 생각으로 삶을 사는 것이 중요하다. 성취를 이루었든 그러지 못했든 당신에게는 공헌해야 할 일이 있다. 지난 일을 돌아보고 싶은 유혹을 떨쳐버리고 앞을 보라. 당신의 미래를 낙관적으로 보라. 이와 관련하여, 나의 딸 신시아와 함께 쓴 《크레센도의 삶Life in Crescendo》이 곧 나올 것이다. 나는 이 책이 출판된다는 생각에 벌써 가슴이 설렌다.

나이와 지위가 어떠하든 7가지 습관을 실천하며 산다면 당신의 공헌은 결코 끝나지 않는다. 당신은 인생에서 더 높고 더 좋은 것, 즉 다음에 도전할 멋진 과제와 더 큰 배움과 더 강렬한 로맨스와 더 의미 있는 사랑을 추구할 것이다. 과거의 성취에 만족할지도 모르지만, 항상 다음의 더 큰 공헌이 당신을 기다리고 있다. 당신은 쌓아야 할 관계가 있고, 봉사해야 할 공동체가 있고, 공고히 할 가족이 있고, 풀어야 할 문제가 있고, 얻어야 할 지식이 있고, 창조해야 할 위대한 일이 있다.

내 딸들 가운데 하나가 내게 《성공하는 사람들의 7가지 습관》을 썼을 때 세상에 대한 공헌이 끝나지 않았느냐고 물었다. 나는 이렇게 대답해서 딸을 놀라게 했다. "나 자신을 과대평가하는 것은 아니지만, 내 최고의 작품은 아직 나오지 않았다고 믿고 있단다."

스티븐 코비는 2012년 7월 16일에 사망했습니다. 그는 사망하기 직전까지 왕성하게 10여 권의 저술을 준비하고 있었습니다. 그는 전통적 의미의 은퇴를 하지 않고 죽는 순간까지 '크레셴도'로 삶을 살았습니다. 그가 남긴 유산은 점점 더 빠른 속도로 그 영향력을 확장해나가면서 학생들과 경영자들과 평범한 사람들의 삶을 변화시키고 있기에, 우리는 그의 최고의 작품은 아직 나오지 않았다고 믿고 있습니다.

주

1   http://usatoday30.usatoday.com/news/nation/story/2012-04-07/
    titanic-rearrange-deck-chairs/54084648/1.

2   Walter Lord, *A Night to Remember*, Holt Paperbacks, 2004, 36.

3   Stephen R. Covey, *The 7 Habits of Highly Effective People*, Simon &
    Schuster, 2013, 22.

4   Jessica Lahey, "The Benefits of Character Education," *The Atlantic*,
    May 6, 2013. http://www.theatlantic.com/national /archive/2013/05/
    the-benefits-of-character-education/275585/.

5   Paul Tough, *How Children Succeed*, Houghton Mifflin Harcourt, 2013,
    xix.

6   N. E. Ruedy, F. Gino, C. Moore, M. E. Schweitzer, "The Cheater's
    High: The Unexpected Affective Benefits of Unethical Behavior,"
    Journal of Personality and Social Psychology, 2013, vol. 105, no. 4, 531-548

참조.

7   Christopher Peterson, Martin Seligman, *Character Strengths and Virtues: A Handbook and Classification*, Oxford University Press, 2004, 5.

8   *The 7 Habits,* 43.

9   Charles E. Hummel, *The Tyranny of the Urgent*, IVP Books, 1994, 6.

10 Benjamin Franklin, *Autobiography*, Houghton-Mifflin, 1896, 113.

11 Albert E. Gray, "The Common Denominator of Success," http://www.kordellnorton.com/Nort%20Notes/Nort%20Notes%20-%20Common_Denominator%20by%20Gray.htm.

12 Marianne Williamson, *A Return to Love: Reflections on the Principles of "A Course in Miracles,"* HarperOne, 1996, 190.

찾아보기

ㅎ

"물고기 한 마리는 하루 양식이 되지만, 물고기 잡는 법은 평생 먹을 양식이 된다. 우리는 물고기 잡는 법을 가르치는 퍼실리테이터를 양성해 전체 사회를 고양한다."

프랭클린코비사는 개인과 조직의 위대한 성장을 돕는 글로벌 교육 기업입니다. 스티븐 코비의 명저《성공하는 사람들의 7가지 습관》을 토대로 한 자기계발·리더십 교육과 4천만 명이 사용하는 시간 관리 도구 '프랭클린 플래너'를 전 세계에 전파하고 있습니다. 〈포춘〉 500대 기업은 물론, 수천 개의 중소기업과 교육·정부 기관이 프랭클린코비사의 프로그램을 선택했습니다.

프랭클린코비사의 비전은 스스로 가르치고 성장하는, 독립적인 사람을 만드는 것입니다. 이를 위해 7천 명 이상의 전문가가 매년 75만 명 이상의 사람을 훈련하고 있습니다. 성과를 창출하고 효과적인 삶을 살고자 하는 개인, 팀 그리고 조직에 최적의 솔루션을 제공합니다. 아래의 주소 혹은 한국리더십센터그룹에서 더 자세한 정보를 얻을 수 있습니다.

프랭클린코비사 FranklinCovey Company
2200 West Parkway Blvd, Salt Lake City, UT 84119
www.franklincovey.com

한국리더십센터그룹(KLCG: KOREA LEADERSHIP CENTER GROUP)은 전 세계에 자기 개혁과 조직 혁신의 새로운 돌풍을 일으키고 있는 미국 프랭클린코비사의 한국 파트너입니다. 1994년부터 《성공하는 사람들의 7가지 습관》의 효과적인 습득과 실생활 적용을 위한 프랭클린코비사의 독특한 자기계발 프로그램과 기업교육 노하우를 전파해왔습니다. 아울러 국내 실정에 맞는 프로그램을 연구 개발해 21세기 한국 기업과 한국인에게 효과적인 도움을 주기 위해 노력하고 있습니다. 끝나면 잊고 마는 것이 아니라, 내면에서부터 변화하는 새로운 차원의 패러다임 전환을 경험할 수 있는 교육을 제공합니다.

〈포춘〉이 선정한 500대 기업 중 430여 개의 기업에서 전사적으로 도입하고, 세계 초일류 기업과 조직, 개인과 가족 및 단체들이 참여하고 격찬한 프랭클린코비 프로그램! 한국리더십센터그룹의 교육과정을 통해 개인과 조직이 위대한 성장을 이루도록 도움받고 이를 습관화하여 효과적인 성공을 얻을 수 있습니다.

Korea Leadership Center Group
KLG 한국리더십센터그룹

서울시 금천구 가산디지털1로 225 가산 에이스 포휴 1511호
대표전화 (02) 2106-4000 | 팩스 (02) 2106-4001
www.eklc.co.kr